그냥 그렇게 살아도 괜찮아

행복디자이너
'김재은의 월요편지' 20년의 행복한 발걸음

그냥 그렇게 살아도 괜찮아

김재은 글·사진

흔들의자

다시 '처음처럼'의 마음으로

2005년 4월 5일, 식목일 아침이었다. 인생의 실패를 만나 낙심하며 겨우겨우 하루하루를 보내고 있던 즈음의, 겨울보다 더 추운 봄날이었다. 무슨 생각이 들었는지 나도 모르게 뭔가 끄적거렸다. 삶이 힘들고 앞이 보이지 않을 때 하는 푸념 내지 넋두리 같은 것이었을 거다.

그 속엔 이런 구절이 들어 있었다.
"마음속에 삶의 하나의 원칙, '행복'이라는 나무를 심어보면 어떨까요?"
어쩌면 행복과 가장 멀리 있었던 시절에 행복을 들먹거리다니 생각해보면 도무지 이해되지 않는 일이었다.

당연히 계속 쓸 생각은 엄두도 내지 못했는데, 얼마 후 그것을 지인들에게 이메일로 보낸 것이 생각났다. 낯이 뜨거웠지만 어느 날 문득 다시 한번 써볼까 하는 생각이 들었다. 그렇게 한 달에 두세 번씩 쓰게 되었고, 몇 개월 후 이왕 쓴 거 계속 써보자는 마음에 '그냥' 계속 쓰게 되었다. 그것이 20년이 지난 오늘까지 이어질 거라고는 꿈도 꾸지 못했음은 물론이다.

이렇게 20년 동안 매주 월요일 아침, '처음처럼'으로 시작되는 김재은의 (행복한) 월요편지를 썼다. 산 넘고 물 건너듯 멈춤 없이 이어졌고 1,000번이 넘는 역사가 되었다. 그리고 누군가에게 전해졌다.

해남 미황사의 하얀 눈을 뚫고 피어난 설중매, 노오란 개나리가 응봉산을 수놓는 계절에도, 녹음이 우거지고 뻐꾸기가 울어대는 고향 집의 캄캄한 밤, 피워놓은 모깃불에 절로 눈물이 나오는 더운 계절에도,

구절초가 피어나고 호남들판에 황금물결이 출렁이는 계절에도, 그리고 덕유산 향적봉에 새하얀 눈이 뒤덮이고 삭풍이 몰아치던 설날 즈음, 담배 연기가 자욱한 고향 읍내 PC방에서도 편지는 멈춤 없이 이어지고 또 이어졌다.

누군가의 노래처럼 천개의 바람이 되어 저 넓은 하늘 위를 날아 가을의 곡식들을 비추는 따사로운 빛, 겨울엔 다이아몬드처럼 반짝이는 눈이 되었을까? 아니면 아침엔 종달새 되어 잠든 당신을 깨워주고, 밤에는 어둠 속에 별이 되어 당신을 지켜주었을까?

왜 그랬냐고 묻는다. 그냥 썼다. 숨을 쉬듯이 길을 걷듯이 그렇게 썼다. 강물이 흘러가고 바람이 불어오고 불어가듯이 그렇게 썼다. 살아있었으니, 편지를 쓸 수 있었다고 말하면 너무 어이없고 실없는 말이 될까. 그사이 앳된 40대의 청년은 성숙하고 행복한 중년의 청년이 되었다.

그 지난 여정의 편지엔 수많은 삶의 이야기가 담겼다. 기억조차 나지 않는 숱한 삶의 희노애락들이, 좌충우돌하는 세상사의 편린들이 여기저기에서 꿈틀거리고 있다. 돌아보면 참으로 신기하고 기특하다.

무엇을 위해 그렇게 멈춤 없는 길을 걸어왔을까. 대단한 인생인 양 서로 우기며 살아가는 게 우리네 삶인데 뭐 그리 허튼 발걸음을 했을까.

인생이 얼마나 대단한지 모르지만 이렇게도 살아가도 되는 거라며 스스로를 위로한다. 부끄러움을 무릅쓰고 스스로 나에게 큰 박수를 보낸다. 자화자찬이라고 해도 할 수 없다.

20여 년 전 내 인생 최대의 시련 시간, 아주 우연히 삶의 고통에 저항하며 시작된 몇 자의 끄적거림이 이렇게 60대 중반까지 이어질 줄 누가 알았을까. 그리고 그 편지가 씨앗이 되어 행복한발걸음모임과 행복(휴먼북)콘서트, 행복플랫폼 해피허브까지 이어지고, 더불어 행복한 공동체를 위한 끊임없는 발걸음이 계속되고 있으니 어찌 즐겁고 행복한 일이 아니랴.

어쨌거나 20년의 삶의 조각들이 겹겹이 쌓여 '김재은 실록'이 만들어져 가고 있다. 어떤 것은 벌써 화석이 되어 층리에 갇혀 시대의 아우성을 감추고 있을지도 모른다. 그러니 흔적 없이 떠나는 삶도 좋지만 이런 흔적 하나쯤은 남겨도 괜찮으리라.

이 책은 그 20년 동안 느끼고 부딪히며 만난 삶의 조각이자 행복의 편린이다. 때론 무료하고 지겨웠고 때론 즐겁고 신났던 순간들이 녹아든 또 하나의 행복편지이다.

이 책의 사진들은 지난 몇 해 동안 아침 산책과 명상을 하며 찍은 것들이다. 언제부터인가 글 작가이자 사진작가가 되어버렸다.

다시 '처음처럼'의 마음으로 함께 새로운 꿈을 꾼다. 그것이 무엇일지는 아직 잘 모르지만 분명 그 꿈의 길에 그냥 또 그렇게 서서 끊임없이 꿈틀거리고 있을 것이다. 그러다 어느 날 벼락같이 죽음이 찾아온다 해도 그때까지 의연히 강물처럼, 바람처럼 갈 길을 가고 있을 거다.

이렇게 여기까지 올 수 있었던 삶이 참 고맙다. 먼저 건강한 심신이 참 고맙다. 친구들, 삶 속의 좋은 인연들이 참 고맙다. 지금까지의 희로애락을 감내하며 응원과 사랑을 보내준 아내와 딸 정인이가 누구보다 참 고맙다. 특별한 사랑의 마음을 전한다.

그리고 이 글을 지금 만나고 있는 모든 임들이 참 고맙다.
이런 큰 복을 누릴 수 있는 삶이라니.

덕분이다. 덕분이다.

2025년 어느 봄날
대한민국 행복디자이너 김 재 은

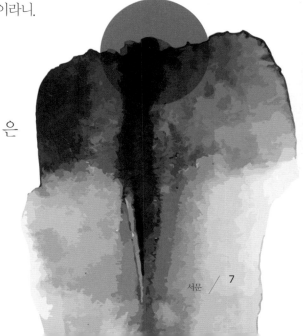

행복의 씨앗이 꽃을 피우다.

비가 오나 눈이 오나 매주 월요일 아침이면 한 통의 메일이 날아왔다.
그 속에는 따뜻한 위로와 희망, 그리고 삶을 바라보는 지혜가
담겨 있었다. 그렇게 20년 동안 1,020번의 편지가 이어졌고,
이제 한 권의 책으로 엮이게 되었나 보다.

김재은 님의 꾸준한 발걸음은 단순한 기록을 넘어 많은 이들에게
삶의 의미를 되새기게 해주었다. 이 편지들은 작은 씨앗처럼 뿌려져
누군가의 마음속에서 싹을 틔우고, 따뜻한 온기를 전해주었다.

행복은 나누면 커진다고 한다. 이 편지가 쌓여 만들어진
'행복플랫폼 해피허브' 역시 작은 씨앗들이 모여 커다란 나무가
된 것과 같다. 이제 더 많은 사람들에게 다시 한번 희망이 되고,
새로운 시작이 되기를 바란다.

20년 동안 이어진 이 여정에 깊은 존경과 축하의 마음을 전하며,
앞으로도 계속될 행복한 발걸음을 응원한다.

안계환_작가/ 안계환문명연구소 대표

월요편지는 고요한 혁명이다.

20년 동안 쉬지 않고 전해준 행복디자이너 김재은의 월요편지 덕분에
우리가 모두 소소한 삶에서도 승리하며 기뻐하는 월계관(月桂冠)을
쓸 수 있었다.

월요편지는 앞으로 시간이 지날수록 삶의 소소한 행복을 전하면서
사소한 일상에서도 사색하며 비상하는 행복한 상상을 월광 소나타에
담아 감동의 지혜를 전해줄 것으로 믿어 의심치 않는다.

월드컵보다 더 기다려지는 소식, 월요편지가 고요함 속에서도
삶의 풍요로운 행복과 작은 혁명을 전하는
영원한 메신저가 되기를 기원한다.

유영만_지식 생태학자/한양대 교수

1,000회를 넘긴 월요편지 20년

'어떤 삶을 사는가'는 '어떤 습관에 길들어 있는가'에 달려 있다.
'행복디자이너 김재은'은 하루도 빠짐없이 동이 트기 전에 일어나
길 위에서 아침을 맞는다. 그냥 걷는 것이 아니다.
그는 길에서 만나는 모든 사물에 시선을 멈추고, 말을 걸고,
그들의 이야기를 듣는다.

심지어 그는 무정한 것들과 교감하며 그들의 존재에 감사함을 느낀다.
세상에 있어야 할 모든 것이 다툼 없이 조화롭게 존재하는
그 순간이야말로 생명체로서 누릴 수 있는 최상의 행복이 아닐까.

그가 주변 사람들에게 행복을 전파하기 위해 매주 월요일마다 써온
'월요편지'가 벌써 1,000회를 넘었다. 햇수로 따지면 20년이 넘는
세월이다. 그가 오랜 세월 '행복 디자이너'로 살아올 수 있었던 데는
꾸준하고 지속적이며 아름답기까지 한, 그의 행복 습관이
자리 잡고 있었기 때문일 것이다.

책 출간을 계기로 그의 행복 메시지가 더 많은 사람에게
전파되었으면 하는 바람이다.

이용범_작가/'행복의 메커니즘' 저자

세상의 변화를 말해 준 행복한 월요편지

매일 앞만 보고 달려간다. 무엇을 위해, 어디로 가는지 모른 채.
때로는 경제적 이익을 위해 또 때로는 명예를 위해서. 그래서 행복한가?
각자 삶의 목표가 달라도 행복하고 싶은 마음은 같지 않은가?
무엇이 행복인가? 죽을 때까지 아무도 모를 수 있다.
역사 속에서 많은 사람이 질문을 던졌고 많은 철학자가 답했다.
그렇지만 그것이 나에게도 답일까?

'행복한 월요편지'는 매일 만나는 일상을 이야기한다. 가까이에서 느끼
는 행복한 모습을 보여준다. 계절의 변화를 알려주고, 세상의 변화를
말해준다. 그렇게 20년이 지났다. 흔히 강산이 두 번 바뀐다는 시간이
지났다. 20년 동안 편지를 읽었다고 내가 행복해진 것은 아니다. 그러나
정말 중요한 것은, 계속 나의 행복, 우리의 행복을 꿈꾼다는 것이다.

김재은 대장은 미스테리한 인물이다. 홍길동보다 더 동에 번쩍 서에 번
쩍하면서 다니고, 예상하지 못한 곳에 나타난다. 나는 줄곧 저 많은 사
람을 만나며 저렇게 살 수 있을까 하는 의구심도 든다. 그럼에도 오늘도
행복한 발걸음을 하고, 행복콘서트를 하고, 행복세미나를 한다. 관심만
있을 뿐, 많은 자리에 함께 하지는 못해도, 이 움직임 모두가 모여 우리
를 행복하게 이끌어갈 것이다.

행복한 월요편지 20주년을 맞이하여, 우리에게 행복 바이러스를 전염시
키는 행복대장에게 감사와 축하의 인사를 드린다.

이강재_서울대 중어중문학과 교수

세상을 밝게 하는 작은 등불

행복디자이너 김재은이 일궈온 '월요편지'와 '해피허브'의 20주년을 진심으로 축하한다.

매일 아침 산책하며 전한 따뜻한 사진과 글, 그리고 20년간 이어온 '김재은의 월요편지'는 단순한 기록이 아니라, 소소한 일상의 느낌과 이야기를 통해 세상을 밝게 하는 작은 등불이었다. 그 꾸준함과 성실함 속에 담긴 김재은의 마음이 많은 사람들에게 위로와 영감을 주었다고 생각한다.

20년을 한결같이 이어온 편지는 그 자체로 큰 의미가 있다. 때론 힘들고 지칠 때도 있었겠지만, 변함없이 이어온 삶의 걸음이 있었기에 많은 이들이 삶의 작은 행복을 발견하고, 더 나은 하루, 일주일을 시작할 수 있었다.

이제 새로운 20년이 열린다. 지난 시간이 단단한 뿌리가 되어 앞으로 펼쳐질 나날들은 더 큰 희망과 기쁨으로 채워지길 바란다. 그 꾸준함이 또 다른 기적을 만들고, 더 많은 이들에게 행복을 전하길 소망한다.

40년이 훨씬 넘게 우정을 가꾸어온 친구로서 그가 걸어온 길이 자랑스럽고, 앞으로 걸어갈 길도 크게 기대된다. 존경과 축하를 담아 행복디자이너의 빛나는 20년, 그리고 또 다른 새로운 20년을 위하여!

송병국_순천향대학교 총장

스무 해의 여정, 따뜻한 인연 속에서…

새하얀 춘설이 내린 아침, 월요편지가 도착했다. 스무 해라는 세월이 담긴 이 편지는 마치 조용히 가슴을 적시는 따뜻한 인사처럼 다가온다.

행복한 발걸음 모임, 그 이름처럼 삶도 한 편의 탐험과 같다. 우리는 누구나 미지의 길을 걸으며, 끝을 알 수 없는 시간을 향해 나아간다. 때로는 길을 잃고 방향을 고민하기도 하고, 예상치 못한 장애물에 부딪히기도 하지만, 그 모든 과정이 결국 도전이자 탐험이 아닐까? 중요한 것은 멈추지 않고 앞으로 나아가는 것이다.

강산이 두 번이나 변하는 스무 해 동안, 행복디자이너 김재은은 매주 월요일마다 따뜻한 편지 한 통으로 많은 이들에게 희망을 전하고 행복을 나누어 왔다. 그 편지는 단순한 글이 아니라, 누군가의 마음을 위로하고, 새로운 한 주를 힘차게 시작할 수 있는 작은 불씨가 되었을 것이다. 그렇게 한 걸음 한 걸음, 끊임없이 나아가며 사람들의 삶 속에 온기를 전하는 여정을 걸어 온 그의 발자취는 그 자체로 하나의 아름다운 탐험이었다.

우리는 모두 인연이라는 보이지 않는 고리 속에서 살아간다. 누군가의 따뜻한 말 한마디가 또 다른 누군가에게 희망이 되고, 그 희망이 다시 누군가에게 전해지며 세상은 조금씩 더 밝아진다. 그와의 인연도 그랬다. 탐험가가 길 위에서 새로운 사람들을 만나고 함께 걸어가듯, 지금, 이 순간 우리는 모두 서로 연결되어 있다.

스무 해 동안 이어진 소중한 발걸음에 깊은 존경과 감사를 전한다. 그리고 앞으로도 이 따뜻한 여정이 더욱 빛나고, 더 많은 이들에게 희망과 기쁨이 전해지기를 바란다. 월요편지 20주년을 진심으로 축하하며.

최종열_세계적인 탐험가

희망은 우리를 부끄럽게 하지 않습니다.
(로마서 5장 5절)

세상을 살다 보면 성공이라는 단어를 자주 접하게 된다. 그런데 성공한 사람이란 어떤 사람을 말하는 것일까? 단순히 부귀공명을 누리는 사람은 아닐 것이다.

"저 사람이 내 이웃이어서, 저 사람과 함께 같은 하늘 아래 살고 있어서 그래서 살맛 나는 세상이다. 세상에 희망이 있다."라는 말을 듣는 사람, 그 사람을 생각만 해도 기분이 좋고, 이웃에게 행복을 주는 사람이 성공한 사람이다.

리더다운 리더를 찾기 어려운 시대, 염치없는 사람들이 리더라고 자처하는 혼돈의 시대에, 우리에게 행복을 이야기하고 그 이야기가 진솔하게 들리는 사람이 있다.

그는 혼탁하고 부조리한 세상에서 '행복의 씨앗'을 심으며 '희망'을 노래하고 있다. 그것도 홀로 가지 않고 여럿이 함께 어울려 살고자 한결같은 마음으로 불철주야 헌신하는 그를 만나 대화하고 뒤돌아설 때 다시 금방 보고 싶어진다.

그에게는 뜻있는 사람들과 나누어야 할 이야기가 아직 많다. 벼는 주인의 발소리를 듣고 자란다고 한다. '행복한 발걸음'으로 동반자들의 심신의 건강을 도모하고, 홀로 품고 있기에는 아까운 행복의 마중물을 정기적으로 이웃들에게 배달하는 그의 열정과 수고는 이웃에게 희망과 행복을 주는 진정한 노블레스 오블레주의 실천이다.

큰 내를 한걸음에 건너는 사람은 없다. 중간에 여러 개의 징검다리를 딛고 건너면 큰 내를 건널 수 있게 된다. 바로 그는 우리에게 행복으로 가는 징검다리가 되고 있다.

공동체의 번영은 개인의 행복과 나란히 간다. 이웃 한 사람 한 사람이 내 형제자매요, 내 부모요, 내 자식이라는 공동체 정신에 입각한 그가 살아온 삶은 더 맑고 밝고 아름답고 행복한 세상의 토양이 되고 밑거름이 되고 있다. 그리하여 또 다른 20년, 50년, 100년 후에는 서른 배, 예순 배, 백 배의 열매를 맺으리라 확신한다.

눈에 보이는 세상을 넘어선 또 다른 세상을 위해, 금방 그 결과가 드러나지 않는다 하더라도 묵묵히 그 길을 가는 그의 앞길에 함께 하는 것만으로도 우리에게는 커다란 행복이다.

간절함은 행복의 문을 여는 또 다른 열쇠이다. 아름다운 공동체를 위한 그의 한마음 한걸음에 그의 소망이 튼실한 열매를 거두어 가기를 두 손 모아 빈다.

이건리_법무법인 동인 대표 변호사, 전 국민권익위원회 부위원장

마음을 쌓아 올린 여정

매주 한 통의 편지로 쌓아 올린 시간, 그 한결같은 마음에 따뜻한 박수를 보낸다. 편지를 쓰는 일은 거울을 닦는 일, 마음 한편에 내려앉은 먼지를 살며시 닦아내고, 조용히 스스로를 들여다보며, 누군가에게 따뜻한 손을 내미는 일이다.

매주 월요일, 빠짐없이 한 통의 편지를 써 내려간 그 마음이 이제 한 권의 책이 되어 세상에 나옴에 진심 어린 축하를 전한다.

편지 속에 담긴 시간의 결이 얼마나 고울지, 그 꾸준함이 얼마나 깊은 울림을 줄지, 읽기도 전에 마음이 먼저 따스해진다. 천 번이 넘는 그 긴 시간 동안 한결같이 써 내려간 편지들. 그것은 단순한 기록이 아니라, 흐르는 세월 위에 켜켜이 마음을 쌓아 올린 여정이었을 것이다. 아쉬움과 기쁨이, 무거운 가슴과 텅 빈 가슴이, 그 안에 고스란히 담겨 있을 것이다.

그렇게 쌓아 온 한 장 한 장의 편지가 이제는 더 많은 이들의 가슴을 두드리며 위로가 되고, 공감이 되고, 따뜻한 쉼이 되기를 바란다. 그 긴 여정에 존경과 감사를 담아, 진심으로 축하드린다.

최종엽_작가/〈오십에 읽는 논어〉 저자

한 주를 시작하는 발걸음이 가벼워진다.

숲 사이로 불어오는 따뜻한 바람과 청량한 햇살처럼 김재은님의 월요편지 덕분에 한 주를 시작하는 발걸음이 가벼워진다.

그런 김재은의 (행복한) 월요편지가 2005년 봄에 시작해 어느새 20년이 되었다. 그 꾸준한 발걸음에 존경을 담아 진심으로 축하드린다.

1,000회가 넘은 월요편지, 시대정신을 아우르는 포럼, 강의, 칼럼, 전국의 산, 강, 들, 문화와 역사를 찾아 탐방을 떠나는 행발모, 수많은 사람들과의 소통… 사람의 숲을 오가며 하루가 너무 짧아 보이는 바쁜 일정에도 불구하고 늘 환한 미소를 잃지 않는 김재은 님을 통해 〈노상추〉의 일기가 떠오르고 〈고산자〉의 숨결이 느껴진다.

오래전 심은 작은 행복 씨앗이 자라 풍성한 잎을 드리우고 각자의 자리에서 하루하루 애쓰는 삶을 살아내는 〈김재은의 월요편지〉를 애정하는 독자들과 함께 그 행복나무 아래 함께 설 수 있어 참으로 고맙다.

앞으로 더 단단히 뿌리를 내리고 더 많은 행복 열매를 맺어 세상에 퍼져나가길 응원한다.

이미경_서양화가, 구멍가게 작가

나눔과 배려의 외침

월요일 아침이면 설렘 가득해진다. 그의 편지를 기다린다. 오늘은 어떤 풍경을 전해 줄까. 어느 이웃 얘기를 담아 올리나. 그에게는 행복디자이너라는 완장이 필요 없어 보인다. 어느 날엔 글과 사진으로, 어떤 장소에선 구수한 강연으로 울림을 전한다. 주변 이들에게 행복의 가치를 전파하는 일은 그의 천직이다. 사람과 사람을 맺어주는 중매꾼 같다.

나의 오랜 친구 김재은이 빚어내는 '행복한 월요편지'가 어느덧 20년을 넘어섰다. 행복한 월요편지에는 다른 데서는 맡을 수 없는 향기가 있다. 넘치는 따뜻함으로 세상을 보듬는다. 나눔과 배려의 외침이 스며있다. '행복한 월요편지는 앞으로 20년 동안에도 계속 이어질게다.

이제부턴 그의 편지가 주변 이들만을 넘어 세상 사람 여럿에게 나뉘었으면 한다. 무엇보다 20년 후 김재은이 펴낼 책에 한 번 더 글 쓰는 영광을 누리면 좋겠다.

윤경호_퓨처미디어연구소 대표, 전 매일경제신문 논설위원

세상을 더욱 아름답게 만드는 힘

행복디자이너 김재은님의 월요편지 20주년을 축하한다! 스무 해 동안, 매주 월요일 아침마다 따뜻한 글을 전해 준 데 대해 깊은 존경과 감사를 전한다.

바쁜 일상에서 우리가 놓치기 쉬운 소중한 가치들을 다시 일깨워 주고, 때로는 지친 마음을 다독이며 새로운 한 주를 힘차게 시작할 수 있도록 해 주었다.

20년이라는 시간 동안 한결같이 월요편지를 이어온 그 진한 여정이 얼마나 값지고 감동적인지 생각하면 가슴이 뭉클해진다. 아마도 수많은 순간, 힘들거나 흔들릴 때도 있었을 것이다. 하지만 그럼에도 불구하고 멈추지 않고 희망과 사랑을 전해 준 덕분에, 많은 사람들이 삶의 방향을 찾고 따뜻한 위로를 받을 수 있었으리라.

이제 20년을 넘어, 앞으로도 많은 이들의 마음을 밝히는 등불이 되어 주기를, 따뜻한 글이 더 널리 퍼져, 세상을 더욱 아름답게 만드는 힘이 되기를 바란다. 진심을 담아, 다시 한번 축하드린다!

상형철_병원없는 세상을 꿈꾸는 사람/더필잎재활요양병원 원장

세상 곳곳에 행복의 꽃을 피우기를 기원하며

스무 해 동안 한결같이 행복의 씨앗을 뿌리고, 희망의 등불을 밝혀 온 행복디자이너 김재은 님의 여정에 깊은 존경과 감사를 드린다.

2005년 4월 5일, 한 통의 편지로 시작된 작은 울림이 천 번이 넘는 물결이 되어, 이제 '행복플랫폼 해피허브'라는 큰 강이 되었다. 그동안 이 편지를 통해 수많은 이들이 위로받고, 희망을 되찾고, 다시금 행복을 향한 발걸음을 내디뎠다.

'행복플랫폼 해피허브'는 단순한 공간이 아닌, 우리가 함께 만들어 가는 따뜻한 흐름이다. 그곳에서 사람들은 서로의 빛이 되고, 삶의 의미를 발견하며, 더 나은 세상을 향한 변화를 만들어왔다. 행복은 나눌수록 커지고, 이어질수록 단단해지기에, 김재은 님의 여정은 단순한 기록이 아니라 하나의 길이 되었다. 참된 행복과 기쁨으로 가는 멋진 길이 되었다.

삶의 희로애락을 품고 흐르는 강물처럼, 김재은 님이 만들어 온 '행복플랫폼 해피허브'가 더욱 넓고 깊게 퍼져나가기를 바란다. 다가올 20년, 이 따뜻한 흐름이 더욱 깊어지고 넓어져, 세상 곳곳에 행복의 꽃을 피우기를 진심으로 기원한다. 다시 한번 김재은의 행복한 월요편지 20주년을 진심으로 축하한다.

조원경_명상전문가/부산시선원 원장

누구에게는 위안이었고
누구에게는 이정표가 되었던 친구의 편지

친구가 힘겨운 세상의 세파를 함께 이겨내고자 시작한 '월요편지'가 벌써 20년을 맞이했다.

그가 편지를 쓰기 전, 우리는 치열한 경쟁과 변화하는 세상 속에서 새로운 문화의 필요성에 깊이 공감했고, 이를 실행에 옮기기 위해 '우리문화마케팅연구회'를 함께 만들어 운영하기도 했다. 그래서 오늘, 그의 20년 여정은 더욱 뜻깊게 다가온다.

그의 편지는 많은 이들에게 위안이 되었고, 새로운 길을 찾게 한 문화적 이정표가 되어주었다. 때로는 따뜻한 추억으로, 때로는 삶의 방향을 제시하는 등불로, 친구의 진심은 세상 속에서 힘이 되었다.

특히 거기에 많은 님들이 함께 했기에 그 메시지는 더욱 빛났다고 믿는다.

다시 한번, 따뜻한 마음으로 20년을 이어온 친구의 노고에 깊은 존경과 감사를 전한다.

앞으로의 여정에도 늘 행복과 축복이 함께 하길 기원하며.

황태규_우석대 교수, 미래융합대학장

행복이라는 이름의 봄날에

스무 해 전, '행복디자이너'라는 다소 낯선 별명을
당당하게 내걸었던 사람이 있었다.
그때는 몰랐다. 정말로 자기 인생의 디자인을,
그리고 타인의 삶마저 따뜻하게
디자인해 낼 사람이라는 걸.
그로부터 매주 빠짐없이 이어진 행복 편지들.
그 글들은 누군가에겐 월요일 아침의 위로였고,
또 누군가에겐 일상의 버팀목이었을 것이다.

그 여정을 옆에서 지켜보면서, 단순한 친구라기보단
행복 프로젝트의 조용한 동행자였다.
때론 삶에 지쳐 글을 멈추려 했을 것이고,
때론 웃으며 글을 쓰기도 했으리라.
어떤 순간에도 펜을 놓지 않았던 이유는,
누군가는 그 편지를 기다리고 있다는 걸 알았기 때문일 것이다.

언젠가 나는 '세상에서 가장 행복한 나라'라는
부탄으로 여행을 떠났었다.
히말라야 산맥을 배경으로 살아가는 사람들,
삶의 조건은 열악했지만 그들은 평화롭고
그들만의 미소를 간직하고 있었다.
그곳에서 나는 '행복은 조건이 아니라
상태'라는 사실을 깨달았다.
바깥에서 구하는 것이 아니라, 나 자신 안에서 발견되는 것.
그리고 그 기쁨을 누군가와 나눌 때 더욱 풍성해진다는 것을.

아마도 월요편지가 바로 그런 역할을 했을 거라 생각한다.
많은 이들이 월요 편지를 통해 자기 안의 행복을
다시 들여다보게 되었고,
때로는 잊고 있던 고마움과 사랑을 다시 꺼내보았을 것이다.

이번 '그냥 그렇게 살아도 괜찮아' 출간은,
말하자면 행복디자이너 김재은의 봄날이다.
겨울을 지나온 씨앗이 피워낸 첫 꽃.
그 꽃을 함께 바라보며, 우리 모두가 잠시 숨을
고르고 따스한 햇살을 나눌 수 있을 것이다.

오늘 모든 이들에게 다시 부탁을 하고 싶다.
김재은은 계속 펜을 들 것이기에 앞으로도 행복 여정에
변함없는 동행이 되어 달라고.
진정한 행복이란, 함께 만들어가는 것임을 믿기에...

김재은의 봄을 진심으로 축하한다.

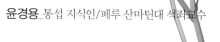

윤경용_통섭 지식인/페루 산마틴대 석좌교수

처음처럼

– 차례 –

24

처음처럼

처음처럼

세상의 모든 것은
다 떨어질 때가 있다

빵이란 무엇인가

빵!
우리는 빵을 얼마나 가지고 있을까?

빵이 없는 사람의 불행은 그 한 조각으로 해결될 수 있지만,
빵이 너무 많아 불행한 이의 마음은 그 어떤 대책으로도
다스릴 수 없다.

빵으로 계속 채우다 보면 우리의 배는 빵빵해지고,
거동이 힘들어지며 불쾌감이 스며든다.
살면서 과식으로 후회했던 순간들이 떠오르곤 한다.
그런 것을 생각해 보면, 빵은 채우는 것이 아니라
나누는 것일지도 모른다.

나누고 비워내면,
몸은 가벼워지고 마음은 풍요로워진다.
작은 기쁨이 마음속에 가득 차고,
인생이 덩달아 빵빵해지며 든든해진다.
이게 진정한 삶의 맛이 아닐까?

해피허브의 길을 걷다

나로부터 행복하고 더불어 행복한 세상을 만들어가는
행복플랫폼 해피허브의 길을 20년 가까이 걸어왔다.
이런 삶의 모토를 5대 철학으로 정리해 보면 이렇다.

知分知足 : 충분하다고 느끼며 만족하는 삶
認定配慮 : 서로 인정하고 배려하는 삶
持續可能 : 소박하면서 지속가능한 삶
相依與樂 : 연결된 존재로 서로 도우며 즐기는 삶
用卽得樂 : 내가 가진 것(시간/돈/재능과 경험 등)을
　　　　　잘 사용하여 보다 나은 삶과 세상에 기여하는 삶

너무 이상적인가. 아니다.
이상이 있어야 실천하는 힘이 생기고 작은 시도라도 하게 된다.
나의 의지와 관계없이 이 세상에 왔지만
좋은 삶을 살다 가는 것은 나의 몫이다.
거기에 서로 마음을 모아 함께 하면
힘이 나서 더 잘할 수 있게 된다.

위의 철학을 품고
행복여지도 行福與智道를 따라 걸으면 된다.
땀을 흘려 복을 짓고, 더불어 지혜를 찾아가는 그 길…

사슴처럼 살아갈까

鹿鳴^{녹명}!

'사슴 鹿^록에 울 鳴^명' 즉, 먹이를 발견한 사슴이
다른 배고픈 사슴들을 부르기 위해 내는 울음소리이다.

이 소리는 세상에서 가장 아름다운 동물의 울음소리 중의 하나이다.
수많은 동물 중에서 사슴만이 먹이를 발견하면
함께 먹자고 아름다운 소리로 부른다고 한다.
여느 짐승들은 먹이를 발견하면 혼자 먹고 남는 것은
숨기기 급급한데, 사슴은 울음소리를 높여
자신의 무리를 불러 모은다는 것이다.

'녹명'은 詩經^{시경}에도 등장한다.
시경에서는 사슴 무리가 평화롭게 울며 풀을 뜯는 풍경을
어진 신하들과 임금이 함께 어울리는 것에 비유한다.

녹명은 이처럼 홀로 사는 것이 아니라 함께 살고자 하는
따뜻한 마음이 담겨 있는 아름다운 말이다.
약육강식, 각자도생의 시대!
나를 위해서라도 나 이외의 존재를 돕는다면 우리는 함께 잘 살아갈 수
있다. 우리는 연결된 존재니까. 그 녹명은 바로 지금 여기에 필요하다.

나는 왜 주례를 섰을까

살아오면서 결혼식 주례를 몇 번 경험했다. 주례사에 등장했던 몇 구절을 옮겨본다.

20년 동안 써온 김재은의 월요편지의 시작이 '처음처럼'이다. 처음의 마음이라는 것, 참으로 소중하다. 새로운 출발을 하면서 지금 마음먹은 그 처음의 마음을 잘 간직하고 잘 가꾸어 나갈 수 있기를 바란다. 쇠에 녹이 스는 것은 닦고 조이고 기름을 치지 않아서이니까.

결혼은 승부를 가리는 게임이 아니라 두 사람이 서로 이해와 배려, 존중을 키워가는 농사 같은 것이다. 결혼은 물론 인생 자체가 봄에 씨를 뿌리고 김도 메주고, 한여름의 땡볕을 견뎌야 하며, 혹한의 겨울을 이겨내야 하는 지난한 여정이기 때문이다.

또한 결혼은 덕을 보려 하기보다는 상대에게 도움이 되려고 애쓸 때, 기하급수적인 행복감을 맛볼 수 있다는 게, 우리가 잊고 있었던 오래된 비밀이다. 덕을 볼 생각이 없었는데 상대로부터 도움을 받게 되면 그 고마움은 실로 엄청난 것이 된다.

또한 결혼은 상대를 바꿔 가는 게임이 아니라 내가 먼저 변해가는 긴 여행길이다.

서로 다른 환경에서 다른 삶을 살아온 두 사람의 마음이 언제나 하나가 되긴 어렵다. 그리고 내 마음처럼 되지 않는다. 다만 내가 할 수 있는 것을 하며 내가 먼저 변하면 상대가 변하는 기적이 일어날 수도 있다.

그나저나 내가 주례를 섰던 그 사람들은 어찌 지내고 있을까. 주례 선생인 나는 지금 어떻게 살고 있는가.

세상엔 있는 것 같지만 없는게 있다

세상엔 있는 듯하면서 없는 것 3가지가 있다고 한다. 정답과 비밀, 공짜가 그것이다. 각자가 처지에 맞는 서로 다른 삶을 살아가는데 어찌 정답이 있겠는가. 다만 나만의 나다운 인생길, 바로 그것이 명답이 될지니. 또한 세상의 어떤 것도 언젠가는 드러나게 되어있다. 시간이 걸릴 뿐이다. 비밀은 있다고 생각하는 것, 그것마저도 비밀이 아니다.

3가지 중 단연 으뜸은 공짜이다. 아무리 공짜라면 양잿물도 마신다고 하지만 그 대가를 반드시 치르게 되어있다. 거저 얻을 수 있는 것은 없다. 땀을 흘려 노력해야 얻을 수 있고 그래야 진짜 나의 것이 되는 것이다.

장석주 시인은 '대추 한 알'에서 저절로 붉어지거나 둥글어질 리 없다고 이야기한다. 시간속에서 태풍, 천둥, 벼락, 무서리, 땡볕들이 애쓴 결과라는 것이다. 그러니 무임승차나 불로소득은 자연과 삶의 이치를 거스르는 것이다.

정답과 비밀, 그리고 공짜가 없다는 것! 이 단순한 이치만 삶에 녹여내도 그만큼 자유롭고 행복한 삶을 살아갈 수 있다. 여기에 하나 더, 세상에 없는 것 같은데 있는 것, 아니 있는데 잊고 사는 것 하나가 있는데 그것은 '마음속의 사랑'이라고 한다. 그 사랑을 잊지말고 잘 가꾸어 나가면 좋겠다.

어려울 때 진짜 친구가 보인다

날씨가 추워진 뒤에야
소나무와 잣나무는 시들지 않음을 안다
歲寒然後知 松柏之後凋

– 논어 자한편

사람이 시련에 처했거나 겪은 후라야 그 사람의 진실한 참모습을 볼 수 있다. 혹독한 환경에서 희망을 잃지 않는 인간의 마음이 더욱 빛이 난다

그러기에 어려울 때 함께 하는 사람이 진정 나의 도반이요, 친구라는 것!

성공은 친구를 만들고 역경은 친구를 시험한다고 한다는 것도 그 이유일 게다. 풍요로울 때는 친구가 나를 알아보고, 어려울 때는 내가 친구를 알게 된다.

어려운 상황에 부닥쳐서야 비로소 그 사람의 됨됨이를 알 수 있다는 것, 부인할 수 없는 삶의 진실이 아닐까.

집이란 무엇인가

많은 사람들이 우리가 살고 있는 집,
특히 도시지역의 집은 대부분
소프트웨어 'Home'이 아닌
하드웨어 'House'로 전락한 지 오래다.

가정Home은
'머리를 누이는 장소, 친애하는 그 무엇'이라는 뜻을 담고 있다고 한다.
집은 '살 것'이 아니라 '살 곳'이고 투기나 투자의 대상을 넘어
따뜻함이 배어 있는 삶의 공간임이 더욱 절실하게 다가온다.

같은 맥락에서 문화 사회학자 김찬호 교수는
우리가 '집House'에는 함께 살고 있지만
'집Home'이 없는 홈리스들이라고 이야기한다.

도시화와 아파트 주거 문화의 확산으로
충간 소음의 갈등만 남고 이웃사촌이 사라져가는
우리 시대에 진정한 집과 이웃이 그립다는 이야기이다.

물질과 잇속에서 눈을 떼고
진정 사람 사는 삶을 생각해 본다.
진정 살고 싶은 나의 보금자리를 꿈꾼다.

나의 時中^{시중}을 생각한다

첨예한 갈등의 사회에 살다 보니 협상과 타협의 물꼬를 트기가 쉽지 않다. 누군가는 중립이라며 기계적 가운데를 주장한다. 둘 다 마음에 들지 않는다며 양비론을 이야기하고, 황희 정승처럼 둘 다 타당하다며 해결은 요원한 채로 양시론을 들먹거린다. 문제는 중립이 중요한 것이 아니고 우리의 문제를 어떻게 해결해 나갈 것인지이다.

동탁 조지훈은 같은 무게를 양쪽에 놓고 저울대의 한중간을 들어 균형을 잡는 중용이란 '관념' 상의 것일 뿐이라고 이야기한다. 그때 그 장소의 비중을 봐서 중中을 잡으려면 중용지도는 時中^{시중}일 수밖에 없다고 일갈한다.

시중은 '그 당시의 사정에 알맞은 것 또는 그런 요구'라는 사전의 풀이야말로 무엇이 '현실'임을 알려준다. 내 자신이 처한 구체적인 현실 속에서 과녁에 명중하듯이 적절한 길을 찾고 실천해야 한다는 말이다.

끝없이 이어지는 세상의 불의와 부조리는 시중의 부재를 말해주고 있지만 그럼에도 지금 나의 時中^{시중}은 무엇인지 생각해 본다.

난 지금 진정 살아있는 것일까

호스피스 병동에서 죽음을 앞둔 사람들의 이야기에 귀 기울이며
진실의 삶에 천착한, 엘리자베스 퀴블러 로스의 인생 수업을 읽는다.

퀴블러 로스 박사는 말한다.
"살고 사랑하고 웃으라. 그리고 배우라. 그것이 우리가 존재하는 이유다.
 인생의 하나의 모험이거나 그렇지 않으면 아무것도 아니다."

"지금, 이 순간 가슴 뛰는 삶을 살지 않으면 안 된다.
 아직 죽지 않은 사람으로 살아가지 마라 !"

"행복은 무슨 일이 일어나는가가 아니라 일어난 일을
 어떻게 다루느냐에 따라서도 달라진다.
 삶의 가장 큰 상실은 죽음이 아니다.
 가장 큰 상실은 우리가 살아있는 동안
 우리 안에서 어떤 것이 죽어버리는 것이다."

이 인생 수업 한 쪽에 나옹선사의 시를 두고 간다.

"청산은 나를 보고 말없이 살라하고,
 창공은 나를 보고 티 없이 살라 하네.
 탐욕도 벗어놓고 성냄도 벗어놓고,
 물같이 바람같이 살다가 가라 하네."

아이들이 뛴다. 추억이 뛴다.

집으로 뛰는 아이들, 아이들보다 먼저 뛰는 소,
소보다 앞서 뛰는 빗줄기
안도현 시인은 '소나기'를 이렇게 표현했다.

순간 소설가 황순원의 '소나기'가 생각난다.
소년과 소녀의 사랑이 초가을의 아름다운 자연과 함께
어우러지면서 한 편의 아름다운 시처럼
오래오래 감동을 안겨준다.

서로에게 꾸밈없이 마음을 표현하고,
그 마음을 소중하게 간직할 줄 아는 것,
잇속과 속물근성에 매몰된 우리 시대의 사랑법에
일침을 가하고 있다.

어릴 적 들녘 저편에서 소나기가 몰려오면
냅싸 뛰어 집으로 돌아오던 생각이 난다.
그때는 소나기도 빨랐지만 나도 빨랐는데.

소나기의 소년 소녀와 같은 사랑을 해 본 것 같지 않지만
아득한 그리움 한 줌이 옥수동 미타사 미루나무 가지에 걸려
바람에 허둥대고 있다.
그냥 아름다운 추억으로 남겨둘 걸 괜히 꺼냈나 보다.

나에게 돌아오지 않으면 어떠리

남태평양의 트로브리얀드 제도의 원주민들은
A에게서 선물을 받으면 A가 아닌 다른 B에게 선물을 하는
독특한 선물 제도를 가지고 있다.
B는 또 다른 사람에게 선물을 하게 되고,
그러면서 선물의 순환과 증식이 일어나게 된다.
결국 모두가 선물하고 모두가 선물을 받는
기분 좋은 일이 일어난다.

기부의 선순환도 그렇다.
내가 누군가(A)에게 선물을 하든 호의를 베풀면
누군가는 내가 아닌 다른 사람(B)에게 마음을 나누게 되고,
그 B는 또 C에게 이어지고
그렇게 돌고 돌아 나에게로 이어진다.

둘만의 주고받는 관계가 아니라 연결된 수많은 사람들을
돌고 도는 기부의 대순환이 일어나는 것이다.
그대로 행복의 선순환이 된다.

어렵지 않다. 나는 도움을 줄 수 있는 누군가를 도우면 될 뿐이다.
그리고 나에게 돌아오지 않으면 어떠랴.
그대로 기분이 좋은걸.

불행으로 가는 다리를 건너지 말자

012

누군가 말했다.
"인간의 삶을 불행하게 하는 가장 강력한 것 중의 하나를 들라면
주저 없이 '비교'를 첫손가락에 꼽겠다고…"

스스로가 소중하고 특별한 존재임에도
"무엇에 비해서"라는 수사修辭가 동원되는 순간
삶의 리듬은 헝클어지고 내 모습은 초라해지기 시작한다.
이 비교로 인해 수많은 삶의 갈등이나 불행을 자초한다.
그리고 그런 삶을 반복한다.

비교는 불행으로 가는 다리라고 했던가.
비교는 나를 작은 존재로 가벼이 여기는
'나에 대한 공격 행위'에 가깝다.
내가 왜 나를 공격하고 못살게 구는 걸까.
세상의 미스터리 중의 하나이다.

진정한 삶의 행복이 어디에 있는지를 곰곰이 생각해 본다.

세상의 모든 것은 다 떨어질 때가 있다

013

하나씩, 때론 하교하는 아이들처럼
군락을 지어 떨어지는 낙엽을 보면서 떨어짐의 의미를 생각한다.

낙엽, 낙조, 낙마…
아쉬움과 안타까움, 슬픔, 때론 아름다움이 떠오르기도 하지만
이 떨어짐이 새로운 변화의 시작임을 다시 생각한다.

낙엽이 있기에 새봄에 새순이 돋을 수 있고,
낙조가 있기에 찬란한 일출이 있으며,
낙마가 있기에 새로운 도전이 있음을 새기노라니
'떨어짐'의 가치가 새롭게 다가온다.
결국 누구나 언젠가 생으로부터 떨어지고 말겠지만…

자신감과 자존감을 떠올리며

문득 '자신감'이라는 단어를 떠올린다. 지난 삶에서 얼핏 스쳐 간 기억을 떠올리면 자신감이란 "자신의 능력에 대한 신뢰"라 여겨진다.

더 생각해 보니 인생을 살아가며 부딪치는 여러 일들에 대처할 수 있는 용기이고, 어떤 상황에서도 평정심을 잃지 않고 대할 힘이라고 해도 좋겠다.

그런 면에서 나의 삶을 멋지게 디자인할 수 있는 열쇠가 바로 자신감이라는 생각에 이른다. 결국 자신감이란 '자신을 인정할 수 있는 용기', '있는 그대로 받아들일 수 있는 용기'라고 결론짓는다.

이에 대해 자아 존중감自我尊重感, 즉 자존감自尊感은 자신을 존중하고 가치 있는 존재라고 인식하는 마음을 말한다. 자기 자신을 긍정적으로 바라볼 수 있는 '자신을 사랑하는 감정'이라 해도 될 듯하다.

또한 비교우위를 거치지 않고 내가 나를 받아들일 수 있는 마음이며 자기의 한계나 약점을 있는 그대로 인정할 수 있는 마음이라 할 수 있다. 그런 면에서 자신감과 일맥상통한다.

나의 자신감과 자존감을 생각한다. 아니 자신감과 자존감을 가지고 살아야겠다고 다짐한다. 바보는 늘 다짐만 한다고 하지만….

내 영혼이
따뜻해졌다

욕심은 얼굴을 가난하게 만든다

세상에서 가장 행복한 인생 공부라는 부제가 붙은
『아름다운 인생은 얼굴에 남는다』라는 원철 스님의 책을 읽었다.

"맛있는 밥은 '잘살이'요
 밥맛의 완성을 기다릴 줄 아는 마음의 여유가 '참살이'다."
"무소유의 끝은 베풂과 보시로 나타난다."
"분에 넘치는 탐욕과 어리석음을 경계하라."
"자기는 속이지 못한다. 모르고도 짓는 허물까지 참회하라." 등
 일상에서 경계하고 성찰해야 할 것들을 하나하나 오롯이 꺼내준다.

이 모든 것들이 어제보다 더 나은 삶을 살아가게 하는 소중한 삶의 지혜
임이 자연스럽게 다가온다.

우리가 살아온 삶은 오롯이 얼굴에 남는다. 사람의 얼굴이 하나의 삶 풍
경인 것도, 살아온 세월이 그 얼굴에 담길 수밖에 없기 때문이다. 그 면
상面相의 뿌리에 심상心相이 있는 법, 아름다운 마음을 가진 사람의 얼굴
은 누구나 한눈에 알아본다.

순간순간 깨어있는 마음으로 인생의 흐름을 놓치지 않고 마음의 정원을
비우고 가꾸어 가자. 어느 날 문득 거울 속에 아름다운 얼굴 하나가 덩
그러니 나를 바라보고 있을게다. 내려놓음과 나눔은 얼굴을 아름답게
하고, 욕심은 얼굴을 가난하게 만드는 법이니.

서로 바꾸어 태어나면 어떠리

김초혜 시인의 어머니를 떠올린다.

쓴 것만 알아 쓴 줄 모르는 게 어머니인데
자식은 단 것만 익혀 단 줄 모른다고 했다.

그러니 낳기 전의 처음대로 한 몸으로 돌아가
서로 바꾸어 태어나면 어떻겠냐고 묻는다.

홀로 계신 고향의 어머니가 생각났다.

90년 넘는 세월 속에서 내어주기만 했던 어머니!
큰 병 없이 건강하게 곁에 계셔 주시니
얼마나 고마운지 모르겠다.

사랑은 내리사랑이라고 했던가.

지금도 자식들을 걱정하고 염려하고
사랑하는 마음이 하해와 같은데,

나의 치사랑은 내리사랑 언저리에서
손톱만큼 좁쌀만큼 서성거리고 있다.

언제나 작은 치사랑 한 조각이라도
제대로 드릴 수 있을지 아득하기만 하다.

사랑하는 어머니, 엄니! 강녕하소서.

나는 지금 무엇에 몰입하고 있을까

행복학으로 유명한 칙센트미하이의 『몰입』에 나와 있는 물리학자 솔제니친 이야기이다.

"총을 들고 있는 교도관들이 윽박지르는 소리를 들으며 풀이 죽은 죄수들 사이에 서 있을 때도 내 머리에는 시와 이미지가 물밀듯 떠오르는 것 같았다. 그 순간 나는 자유였고 행복한 사람이었다. 어떤 죄수들은 가시철조망을 끊고 탈출을 시도했지만, 나에게는 어떤 철조망도 없었다. 나를 포함한 죄수들 모두는 고스란히 감옥 안에 있었지만 사실 나는 그곳으로부터 먼 비행을 하고 있었던 것이다."

몰입이란 이런 것이다. 다른 어떤 일에 관심이 없을 정도로 지금 하고 있는 일에 푹 빠져있는 상태를 말한다. 지금, 이 순간의 경험 자체가 매우 즐겁기 때문에 웬만한 고통이나 스트레스도 감내할 수 있게 된다.

극한의 상황에서 살아남은 사람들의 내면에는 몰입이 있다. 내 인생을 남의 손에 맡기지 않고, 통제할 수 없는 외부로부터 눈을 돌려 통제할 수 있는 나의 마음을 어떻게 다루느냐에 나의 행복이 달려있다.

몰입은 현재의 삶을 즐겁게 하고, 개개인의 자신감을 향상시켜 세상에 기여하는 삶을 살 수 있게 한다.

나는 지금 어디에, 무엇에 몰입하는 삶을 살고 있는지 묻는다.

써바이 써바이

'써바이'는 캄보디아어로
'즐겁다, 행복하다'라는 뜻이다.

치열한 경쟁 속에서 '써바이벌'을 외치며
살아남아야 한다는 강박관념에 시달리는 우리네
현실에서는 조금 먼 이야기처럼 들리지만
캄보디아 사람들은 인도인들이
'노 프라블럼'을 외치는 것처럼,
그 '써바이'를 입에 달고 다닌다고 한다.

언뜻 생각해 보면
그들의 써바이가 잘 이해되지 않지만
삶이 어찌 써바이벌 세상을 살아가는
우리의 기준으로만 이야기할 수 있을 것인가.

무엇이 진정 행복인지를 알고 있는 그들이야말로
참으로 행복한 사람들이리니.

이 시간만큼은 써바이벌 대신에,
큰 소리로 외쳐본다.
써바이! 써바이!

내 영혼이 따뜻해졌다

꽤 오래전 만난 책, 『내 영혼이 따뜻했던 날들』 아메리카 인디언 체로키 족의 소년과 할머니, 할아버지의 삶의 따뜻한 이야기!

그대로 바람 한 줄기가 되어 내 온몸을 훑고 지나간다. 욕심과 거짓으로 가득 찬 우리네 삶에 작은 채찍이 된다. 삶이란 이런 것이 아닌 '그런 것' 이라고.

몇 구절을 옮겨본다. 그대로 마음으로 따라 읊조린다.

할머니가 나에게 잘했다고 칭찬해 주셨다. 뭔가 좋은 일이 생기거나 좋은 것을 손에 넣으면 무엇보다 먼저 이웃들과 나누도록 해야 한다. 그 렇게 하다 보면 말로는 갈 수 없는 곳까지도 그 좋은 것이 퍼지게 된다, 그것은 좋은 일이라고 하시면서….

나는 할머니와 할아버지 사이에 앉았다. 할머니가 손을 뻗어 할아버지 의 손등을 가볍게 두드렸다. 그러자 할아버지도 내 무릎 위로 손을 뻗어 할머니 손을 가만히 잡았다. 편안하고 따뜻한 기분이 내 몸을 부드럽게 훑고 지나갔다. 그래서인지 나는 금방 잠이 들었다.

누구나 자기가 필요한 만큼만 가져야 한다. 사슴을 잡을 때도 제일 좋은 놈을 잡으려 하면 안 돼. 작고 느린 놈을 골라야 남은 사슴들이 더 강해 지고, 그렇게 해야 우리도 두고두고 사슴고기를 먹을 수 있는 거야.

내 미소는 천만 불이 되었다

누군가 행복디자이너의 웃는 모습이 백만 불짜리 라고 한 적이 있다.
지금은 많이 올라서 천만 불쯤 되었을 거라고 나는 웃으며 답했다.

하지만 사람들은 잘 모른다. 그 웃는 모습이 수십 년간의 땀방울이 모인
근육운동의 결실이라는 것을.
활짝 웃는 미소야말로 꾸준한 행복습관이 가져다 준 최고의 선물이다.

독일의 철학자 프리드리히 니체는 세상에서 가장 고통 받는 동물이 웃음
을 발명했다고 하니 사람은 퍽이나 흥미로운 존재라고 했다. 하지만 그럴
수밖에 없었으리라. 웃지 않으면 그 엄청난 고통을 어찌 견디었으랴.

웃는 동안 뇌에서 엔돌핀같은 '행복호르몬'이 분비돼 고통과 스트레스
가 줄어든다는 연구 결과도 많고, 유머를 가까이해서 자주 웃으면 일의
생산성이 높아진다는 연구 결과도 있다.

누군가는 우리 팔자는 웃음이 좌지우지한다고 하여 '팔자소관八字笑關'
이라 하기도 하고. 흔한 말이 되어버린 소확행小確幸도 실제로는 소확행
笑確幸이란다. 아무튼 웃으면 확실히 행복이 온다.

찡그릴 때는 바가지를 엎어놓은 모양이라 복이 줄줄 흘러내리지만, 활짝
웃을 때는 바가지가 바로 놓여 복이 가득 담긴다고 한다. 그런데도 복을
그토록 좋아하는 사람들이 찡그리고 짜증 내는 이유를 알 수가 없다.

웃는 낯에 침 뱉을 리 없고, 웃어야 웃을 일이 생긴다고 하지 않던가.
웃는 문으로 만복이 들어온다笑門萬福來.
오늘도 난 웃는다. 아니 나도 모르게 웃고 있다.
미친 것은 분명 아니렷다.

제대로 알아야 제대로 산다

성인이 말씀하셨다.
"알고 짓는 죄보다 모르고 짓는 죄가 훨씬 크다!"고.

알고 죄를 짓는 자는 어느 순간 반성을 하고 참회를 할 수 있다. 하지만 자신이 죄를 짓고 있는 줄을 모르고 있으면 자신이 옳다고 생각하여 계속 더 많은 죄를 지을 것이고 반성이나 참회도 하지 않을 것이기 때문이다.

유홍준 교수는 나의 문화유산답사기에서 말한다.
"사랑하면 알게 되고 알게 되면 보이나니 그때 보이는 것은 전과 같지 않으리라"

연인들이 사랑을 할 때 반드시 '서로를 알아가는 시간'이 필요한 것도 그 때문이다.

생태학자인 최재천 교수의 소박한 신념, '알면 사랑한다'는 믿음도 바로 그것이리라. 서로 잘 모르기 때문에 미워하고 시기한다는 것이다. 아무리 돌에 맞아 싼 사람도 왜 그런 일을 저질러야만 했는지를 알고 나면 사랑할 수밖에 없는 게 우리들 심성이라면서.

갈등으로 점철되는 이 땅에서도 서로를 알려고 노력하면 좋겠다. 사랑하는 것 까지는 아니더라도 서로를 이해하는 물꼬라도 낼 수 있을 테니.

敬請경청과 傾聽경청, 무엇을 더 바랄까

한자로 들을 '청聽'자를 보면
聽 = 耳 + 王 + 十 + 目 + 一 + 心으로 이루어져 있다.
이는 왕 같은 커다란 귀를 가지고 집중해서, 열 개의 눈(마음의 눈)을
가지고 상대방의 눈빛, 태도까지 지켜보며, 한마음으로(상대방의 마음
과 하나가 되어) 들으라는 의미가 아닐까. 누군가 나의 이야기를 이런
자세로 들어준다면 아마도 감동의 물결이 밀려올 것이다.

바로 이 경청이야말로 믿음이 있는 삶, 아름다운 삶으로 가는 길이 되고
성공과 행복을 불러들일 게 분명하다. 그래서 '이청득심以聽得心', 귀 기
울여 들으면 마음을 얻을 수 있다고 하지 않는가.

그런데 경청에는 두 단계가 있다고 한다. 敬請경청과 傾聽경청!

먼저 '敬請경청'! 들을 준비를 하고 예의를 다해 청할 때, 상대가 편하고
진솔하게 이야기를 할 수 있을 테니까. 그랬을 때 진정으로 귀를 열고 듣
는 '傾聽경청'이 가능해진다.

敬請경청이 선행될 때 우리가 바라는 傾聽경청으로 갈 수 있다는 것이다.
상대방의 이야기에 귀 기울이지 않고 거친 말들만 난무하는 시절, 진정
한 소통의 지혜가 여기에 있음을 새삼 확인한다.

내가 먼저 그대로 하면 된다

023

'조언으로 남들을 귀찮게 하지 말고
모범을 보여서 가르쳐라.'라는
프랑스의 사상가 몽테스키외의 이야기가 생각났다.

먼저 아이들을 키우는 우리네 부모들이
귀담아들어야 할 내용이지 싶었다.
아니, 나만의 생각을 고집하고
충조평판(충고, 조언, 평가, 판단)을 밤낮없이 내뱉는
이 시대의 꼰대같은 사람들이 들어야 할 말인 듯하다.

언행일치의 삶을 살아갈 때, 말의 진실성이 드러나는 법이다.
아이들은 부모의 말은 대부분 잔소리로 알아듣지만
부모의 행동은 그대로 보고 따라 배운다고 한다.

누군가의 행동을 고쳐주고 싶다면
그 행동을 그대로 내가 먼저 하면 된다는 것!
내가 할 수 있는 것은 그것뿐이다.
내가 해야 하는 것은 잔소리가 아니라 솔선수범의 삶이기에.

지금 여기 나의 향기를 맡는다

향香이란 글자는 벼 화禾자와 날 일日자로 되어 있다.
옛사람들은 자극적인 향이 아닌
벼가 익어가는 냄새를 향이라고 생각한 것이다.
또 속에 양식이 될 좋은 것이 들어있을 때 향기가 난다고
푸른솔겨레문화연구소 김영조 선생은 이야기한다.

'화향백리花香百里, 주향천리酒香千里,
인향만리人香萬里'라는 말이 있다.
꽃의 향기는 백 리를 가고,
술의 향기는 천 리를 가지만 사람의 향기는 만 리를 간다.

그런데 그 향기가 어떤 것인지가 중요하다.
좋은 향기가 아닌 악취라면 이는 전혀 다른 이야기가 된다.

지금 나는 어떤 향기를 가지고 살아가고 있는지 살핀다.
그리고 내 안의 그 좋은 향기에는 무심한 채
향기를 찾아 밖을 떠도는 것은 아닌지.

인향만리人香萬里는 아니어도 좋으니 지금 내 향기에 집중할 때이다.

매미도 모죽도 나도 인내쟁이

여름날 요란한 소리로 아침을 깨우는 매미,
땅 밑에서 알로, 애벌레로 지내는 시간이 길게는 7년이다.
땅속에서 7년을 견뎠는데 땅 밖에서는 겨우 7~14일을 머문다.

중국의 모죽이라는 대나무는 5년동안은 죽순으로,
거의 변화가 없지만 땅 아래로는 수많은 뿌리를 뻗는다.
그러다 5년이 지나면 말 그대로 우후죽순처럼 솟아오른다.
매미와 모죽의 7년과 5년의 세월,
그 꾸준함과 인내가 마음을 살갑게 파고든다.
나의 지난 20년을 생각한다.

이렇듯 자연도 인생도 인고의 시간은 길고 화려한 영광은 짧다.
그렇지만 인고의 시간 없이 그 어떤 것도 얻을 수 없다.
영광의 길고 짧음은 그 다음 문제이다.
오늘 나는 무엇을 인내하며 살고 있을까.

삶에 감사합니다 Gracias a la vida

아르헨티나 반독재 투쟁 속에서 저항의 노래로 민중의 사랑을 받던 가수, 2009년 세상을 떠나 메르세데스 소사! 아름다운 저항의 삶을 살았던 그가 노래한 오히려 '삶에 감사합니다 Gracias a la vida'라는 이 한 구절이 어느 날 아름다운 삶의 메아리로 다가왔다.

> "내게 그토록 많은 것을 준 삶에 감사합니다.
> 삶은 내게 웃음과 눈물을 주어
> 슬픔과 행복을 구별할 수 있게 해 주었습니다.
> 그 슬픔과 행복은 내 노래와 당신들의 노래를 이루었습니다.
> 이 노래가 바로 그것입니다.
> 그것은 우리 모두의 노래입니다.
> 모든 노래가 그러하듯 내게 그토록 많은 것을 준
> 삶에 감사합니다."
>
> **(메르세데스 소사/ 조앤 바에즈 노래)**

소사가 그랬듯이 삶은 감사한 것 투성이다. 어떤 삶을 살아가든 감사하는 마음으로 살아간다면 우리의 삶은 감사할 일이 끝없이 이어질 것이다. 한마디로 삶이 술술 풀릴 것이다.

그러니 그렇게 살지 않으면 바보!

오늘이 내가 죽는 날,
바라던 대로 인생을 살았니?

에피쿠로스 철학에서 몇 마디 빌려왔다.

"죽음은 아무것도 아니다. 우리가 존재하는 한 죽음은
우리에게 있지 않으며, 죽음이 오면 우리는 존재하지 않기 때문이다.
따라서 잘사는 것과 잘 죽는 연습은 동일하다."

그러기에 살아있는 것에 집중하여 부지런히 배우고 그 배운 것을 나누며
살아가야 하리라.

미국의 시인 롱펠로는 말했다.

"죽음이란 없다. 그와 같이 보이는 것은 변화이다.
 죽음의 입김이라는 이 생명은, 생명 극락의 외곽지대에 불과하며,
 우리가 그 입구를 사망이라 부를 따름이다."

'죽음학 전도사'로 알려진 정현채 교수는 이렇게 이야기한다.
"당하는 죽음에서 맞이하는 죽음이 돼야 한다. 죽음은 벽이 아니며
 '다른 차원으로 이동하는 열린 문'이란 걸 안다면
 죽음에 대해 불안해하고 두려워할 필요가 없다."

'삶이 만든 최고의 발명품이 죽음'이라는 스티브 잡스의 말을
빌리지 않더라도 죽음을 새롭게 제대로 인식할 때 자유도
행복도 온전히 나의 것이 될 수 있을 것이다.

미치 앨봄의 『모리와 함께 한 화요일』엔 이런 구절이 있다.

"오늘이 내가 죽는 날이냐, 새야? 난 준비됐니?
 바라던 대로 인생을 살았니? 되고 싶던 사람이 됐니?"

미적대지도
서둘지도 말게

진짜 공부란 무엇인가

고전문학평론가 고미숙 님은
'공부의 달인, 호모 쿵푸스'에서 이렇게 이야기한다.

공부하면 이 다음에 훌륭한 사람이 되고,
뭔가를 얻게 될 거라고 말해선 안 된다.
공부하는 그 순간, 공부와 공부 사이에 있다는
바로 그것이 공부의 목적이자 이유여야 한다.

쇠귀 신영복 선생은 이야기했다.
'인생의 가장 먼 여행은 머리에서 가슴까지의 여행이다.
그리고 또 하나의 가장 먼 여행은 가슴에서 발까지의 여행이다.'

'머리 좋은 것이 마음 좋은 것만 못하고
마음 좋은 것이 손과 발 좋은 것만 못하다.'

아는 것에서 가슴으로 느끼는 것,
그리고 그것을 실행하는 것이 진정한 공부라는 것이다.
이런 공부 여정을 통해 변화와 창조의 삶이 열리는 것이다.

진정한 공부가 사라진 시대,
아니 진정한 삶이 사라진 시대!
다시 공부를 생각한다.
진짜 공부를 시작해야겠다.

'시간'과 '꾸준한 가꿈'이면 충분하다

살아온 삶의 타성에서 나를 살짝 내려놓고, 눈앞의 이익에서 눈을 떼고 하늘 한 번 바라보듯이 관계를 가꾸어가면 내 삶의 아름다운 인연을 얻을 수 있을 거라는 믿음을 가진다. 그 아름답고 행복한 인간관계에 있어 가장 필요한 것은 '시간'과 '꾸준한 가꿈'이라는 사실을 선물처럼 살짝 전하고 싶다. (책 『사람 예찬』 김재은)

사람들은 말한다. 어떻게 그 많은 사람들과 좋은 관계를 유지해 가느냐고.

먼저 '저 사람을 만나면 나에게 어떤 도움이 되지?' 같은 이해관계를 먼저 내세우지 않는다. 그냥 편하게 안부를 묻고 호의를 가지고 그 사람에게 도움이 되는 것을 찾는다.

둘째, 한 번이 아닌 최소 3번의 만남과 인연을 이어간다. 하지만 거기에 집착하거나 연연해하지 않는다. 강물이 흘러가듯 자연스러운 관계를 지향한다.

셋째, 어떤 인연도 허투루 대하지 않되 모든 사람과 잘 지내지 않아도 좋다고 생각한다. 인연이 아닌 것은 아닌 것이고 거기까지라고 생각할 뿐이다.

그러고 보니 오라는데는 별로 없는데 갈 데는 많았다. 그리고 만나서 나의 행복에너지를 나누었다. 그런 삶이 수십 년간 이어졌다.

진보, 참 쉬운거야.

밀양고 이계삼 선생님은
'진보란 무언가를 믿고 성취하는 것이 아니라 힘없고 약한 것들을
보듬어주는 손길이며 자기희생의 고통 그 자체다.'라고 이야기했다.

거기에 '행복한 삶, 행복한 세상을 위해
스스로 변화 속으로 뛰어드는 것'도 추가하고 싶다.

"버스에 사람이 아무리 많아도 '쟤들도 태워줘라.' 이거 아닙니까?
'나도 좀 타고 가자' 이거죠. 진보는 그거고, 우리나라 보수는
'야 비좁다 태우지 마라. 늦는다, 태우지 마라.' 이거죠.
'오늘 어렵더라도 같이 타고 가야지.'
이렇게 말해 주는 손님이 진보주의자예요."

내 마음속의 대통령, 노무현의 이야기이다.

우리에게 진보란 거창한 무엇이 아니다.
나만 우리만 잘 살겠다고
아등바등하지 않고 기꺼이 즐겁게
더불어 잘 살아가려는
작은 노력을 하는 것이다.

이 작은 땀방울이 보다 나은 삶,
지속 가능한 공동체를 만들어가는
바탕이 됨은 물론이다.

사랑, 사랑, 누가 말했나

좋아한다는 것이 아름다운 꽃을 꺾어 자신의 방에 꽂아두는 것이라면 사랑하는 것은 그 꽃에 물을 주는 것이다. 좋아하는 것이 앞서가는 당신을 뒤따라가는 것이라면, 사랑하는 것은 내 걸음을 그 사람에게 맞춰가는 것이다.

삶을 살아가다 보면 사랑의 기쁨도 헤어짐의 아픔도 겪게 된다. 그런데 사랑이 아니었으면 몰랐을 스스로를 만나는 것이 사랑이라는 말이 있다. 사랑이란 결국 진정으로 나를 만나는 것이라는 이야기이다.

모두가 떠난 뒤에도 남는 한 사람, 죽는 날까지 사랑해야 할 사람, 바로 나 자신을 만나는 것, 그것을 사랑이라고 한다면 사람들은 어떻게 생각할까?

조건과 상황에 따라 사랑이라는 것이 헤프게 춤을 추는 세상에서 사랑의 진정한 의미를 묻는다. 그리고 그런 진정한 사랑을 하고 싶다.

나도 '그들'이 되고 싶다

032

세상에는 두 부류의 사람들이 있다. 다람쥐 쳇바퀴 돌듯이 그저 그런 삶을 살아가는 '대부분'과 다른 생각으로 새롭게 도전하는 특별한 삶을 살아가는 '그들'이 그것이다. 행복은 어쩌면 미지의 영역에 도전해 나가는 삶 속에 더 많이 숨겨져 있을 것이기에.

다른 생각, 다른 시도, 다른 행동이 다른 삶을 만든다. 지금 나의 삶이 마음에 들지 않는다면 '그들'이 되어보라. 다만 작은 용기와 땀방울이 필요하다. 세상엔 그냥 얻을 수 있는 것은 없기에.

언제부터인가 '그들'을 향한 끝없는 시도가 나의 습관이 되었다. 다행스럽고 고마운 일이다.

or에 행복이 깃들어 있다.

행복은 and가 아니라 or이다.
이것저것 모두 가지고 있어야 행복한 것이 아니라
작은 것 하나라도 가지면 행복할 수 있다.

내가 볼 수 있는 것, 들을 수 있는 것, 걸을 수 있는 것,
잠을 잘 수 있는 곳이 있고, 일할 곳이 있고, 가족들이 있다는 것,
그 어떤 것 하나만으로도 충분히 행복할 수 있다.
그러니 행복하기 참 쉽죠, 잉.

이것도 가지고 저것도 가지는 and적 삶이
때로는 불행을 가져온다는 것은 이제 상식이 되어가고 있다.
부를 가진 사람이 권력을 가지려다가,
권력을 가진 사람이 부까지 가지려다
패가망신하는 경우를 어렵지 않게 볼 수 있다.
양손 모두에 무엇인가를 쥐고 있으면 자유가 없는 것과 마찬가지이다.

내가 가진 그 하나로 인해 행복을 느끼는 삶,
or적 삶이 나를 행복하게
한다는 것은 공공연한 비밀이다.
그래서 인생은 살만한 것, 맛있는 무엇인지도 모른다.

미적대지도 서둘지도 말게

'농구 황제' 마이클 조던!
그는 늘 시합 3시간 전부터 빈 코트에 나와 홀로 슈팅 연습을 했다.
남보다 먼저 도착해 남보다 더 열심히 훈련하는 프로 스타!
놀라운 것은 그가 끊임없이 자유투를 던지는 동안
'한 번도 눈을 뜨지 않았다.'는 사실이다.

두 눈을 감고 슈팅에 몰두하는 그의 모습은
'조금씩 흙을 쌓아 산을 이룰' 때까지 얼마나 피눈물 나는
노력을 거듭했는지를 잘 보여 준다.

'돌부처'로 불리는 바둑의 이창호 9단 역시
'미적대지도, 서두르지도' 않았다.
그는 열한 살에 데뷔해 얼마 지나지 않아 수많은 기록을 남겼지만
하루도 훈련을 거르지 않았다. 누구보다 더욱더 많이 연습하고
땀을 흘리는 자신만의 삶의 철학이 있었다.

이미 지난 세월이 나는 안타깝지만 그대는 이제부터 하면 되니
뭐가 문제인가. 조금씩 흙을 쌓아 산을 이룰 그날까지
미적대지도 말고 너무 서둘지도 말게.

퇴계 이황 선생이 제자 김취려에게 전한 '자탄自歎'이라는 시이다.
우리는 무엇인가를 쉽고 빠르게 얻으려 하지만
세상은 그렇게 녹록지 않다.
가치 있는 느림은 스피드를 따라잡는 법이다.

넘어지면 일어나 다시 가면 된다

우리가 살면서 겪는 것은 그 어떤 것도 다 의미가 있다.
성공은 성공대로, 실패는 실패대로 좋고,
아프면 아픈 대로 의미가 있다.
이렇게 생각하는 것이 긍정적인 에너지이다.

모든 걸 무조건 좋게만 보라는 뜻이 아니다.
앞으로 나아가다 넘어지면 일어나 다시 가고,
다시 넘어지면 또다시 일어나가면 된다는 말이다.

다만 가는 것, 거기에 경험이 쌓이고,
수많은 실패를 통해서 지혜가 생기는 법이다.
그렇게 공부를 해 나가라고 일갈하던 법륜스님이 떠올랐다.
삭풍이 몰아치던 어느 겨울날이었다.

나는 배웠다. 지금도 배우고 있다.

'무엇을 아무리 얇게 베어내도 거기엔 늘 양면이 있다는 것을,
그리고 내가 원하는 사람이 된 데는 오랜 시간이 걸린다는 것을'

'다른 사람에게 나를 사랑하게 만들 수는 없다는 것을,
내가 할 수 있는 일은 사랑받을 만한 사람이 되는 것뿐임을,
사랑을 받는 일은 그 사람의 선택에 달렸다는 것을'

'아무리 내 마음이 아프다 해도 이 세상은
내 슬픔 때문에 운행을 중단하지 않는다는 것을,
두 사람이 다툰다고 서로 사랑하지 않는 게 아니며
다투지 않는다고 해서 사랑하는 게 아니라는 것도'

'내가 아무리 마음 깊이 배려해도
어떤 사람은 보답도 반응도 하지 않는다는 것을
신뢰를 쌓는 데는 여러 해가 걸려도
무너지는 것은 한순간이라는 것을'

'사랑하는 사람에게는 언제나 사랑의 말을 남겨 놓아야 함을,
어느 순간이 우리의 마지막이 될지 아는 사람은 아무도 없으므로'

이렇게 나는 배웠다. 아니 배워야 한다.
배워서 그대로 삶에 녹여 그렇게 살아야 한다.
샤를 드 푸코의 말이 아니더라도.

지금 바로 그것을 선택하라

꾸뻬씨는 또다시 비행기 안에 있었다.
이번엔 비행기에서 가장 비싼 칸을 선택했다.
비록 합리적인 가격이 아니었고
집에 돌아가면 거액이 빠져나간 카드 고지서가
날아오리라는 것을 모르지 않았다.
하지만 이번만큼은 자신을 행복하게 하는
모든 것을 하겠다고 다짐했다.

삶이란 어느 한순간에 정지될 수도 있다는 것을 깨달았기 때문이다.
물론 이 사실을 오래전부터 알고 있었지만,
아는 것과 느끼고 실행에 옮기는 것은 다른 것이었다.

우린 때로는 꾸뻬씨처럼 살아가도 된다.
아니 그렇게 살아가야 한다.

문득 행복은 미래의 목표가 아니라,
오히려 현재의 선택이라는 말이 생각난다.
지금, 이 순간 당신이 행복하기로 선택한다면
당신은 얼마든지 행복할 수 있다.

많은 사람들이 행복을 꿈꾸면서도
지금, 이 순간 행복해야 한다는 사실을 잊고
있다는 것이 참으로 이상하다.

C작은 힘이 세다

모든 일의 첫 출발은 시작Commencement이다.
시작해서 꾸준하게Consistence 계속해서Continuation
집중하여Concentration 해나가다 보면 힘Competency이 생긴다.

그러면 용기Courage가 생기고 변화Change가 일어나며
선택Choice할 수 있는 기회Chance가 온다.

그러면 좋은 에너지의 순환Circulation으로 인해
창의적 연결Creative connection이 일어난다.

자연스럽게 세상에 기여Contribution할 수 있는 삶을 살게 된다.
이런 삶이 진정 좋은 삶이자 즐거운 삶Cheerful life이 아니겠는가.

모두가 C의 세상이다.

시작에서 꾸준한 노력을 거쳐 즐거운 삶으로 이어지는 위대한 역사,
삶의 기적이 일어난다.
도끼를 갈아 바늘을 만들고磨斧作針,
낙숫물이 바위를 뚫는 법이다水滴穿石.
꾸준함을 이길 그 무엇도 없으며,
성공이라는 못을 박으려면 끈질김이라는 망치가 필요하다.

자, 지금 무엇을 C작 해볼까.

다른 세상이 있다.

내 삶의 울타리에 갇혀 살다 보면 그것이 전부인 줄 안다.
우물 안 개구리가 따로 없다.

눈 내린 덕유산이 그리워 번개처럼 찾아간 적이 있다. 환상적인 눈꽃
세상에 넋을 잃을 정도의 절경이었다. 하지만 거센 차가운 눈바람에
눈을 뜨기 어려워 한 걸음도 내딛기도 어려웠다. 온몸이 얼어붙어 겨우
살아 돌아온 기억이 지금도 생생하다.

하지만 그 경험은 이후 힘든 삶을 만날 때마다 견디고 이겨내는 데 큰 힘이
되고 있다.

만약 내가 그날 거실 소파에 앉아 리모컨만 돌리고 있었다면 어찌 그 삶
의 진한 즐거움을 맛볼 수 있었으랴. 뜻밖의 행운, 예기치 않은 즐거움이
라는 세렌디피티는 이처럼 뭔가를 시도할 때 나에게 온다.

그러니 지금 귀차니즘이 나를 감쌀 때 과감히 기꺼이 신발 끈을 매고
나서보라. 짜릿한 즐거움을 동반한 삶의 새로운 맛을 경험할 수 있다.
나 이외의 존재나 세상에 대한 이해와 공감 능력이 생기는 것은 보너스다.
삶의 맛이 달라진다. 뿌듯한 행복감이 몰려온다.

어쩌면 우리는 이런 경험과 삶의 맛을 누리기 위해 이 세상에 왔는지도
모른다. 이렇게 인생의 새로운 맛을 즐기는 나를 물끄러미 바라본다.
절로 미소가 지어진다.

많아서가 아니라 마음이 있어 나누는 것이다.

옛날 부자들은 서로 약속이나 한 듯 가을에 곡식을 거둬들이면
가난한이들을 위해 '농곡農穀'이라는 곡식을 따로
비축해 놓았다. 까치밥, 고수레,
입춘공덕행 등도 이웃과 더불어
살아가고자 하는 노력의 일환이었을게다

각자도생의 사회,
양극화로 더욱 어려워지는
세상살이가 자꾸 눈에 밟히고
각박한 인심이 안타깝게 다가온다

노블레스 오블리주의 길에 많은
사람들이 함께 하고 있다.
하지만 그 길이 삶과 세상에 있지 않고
책과 머릿속에만 있는 경우도 적지 않다.

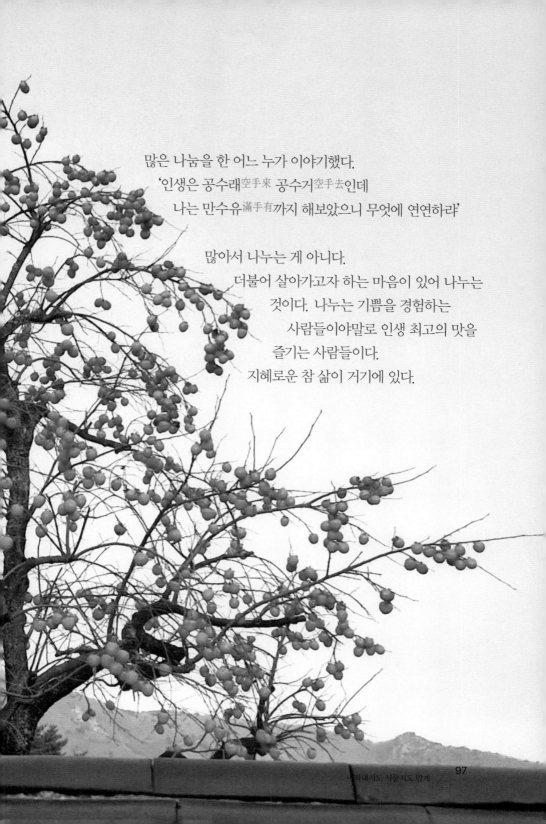

많은 나눔을 한 어느 누가 이야기했다.
'인생은 공수래空手來 공수거空手去인데
나는 만수유滿手有까지 해보았으니 무엇에 연연하랴'

많아서 나누는 게 아니다.
더불어 살아가고자 하는 마음이 있어 나누는
것이다. 나누는 기쁨을 경험하는
사람들이야말로 인생 최고의 맛을
즐기는 사람들이다.
지혜로운 참 삶이 거기에 있다.

원래 내 것은 없다.

044

많은 이들의 정다운 벗, 법정스님이 텅 빈 향기로움만을 남겨두고 훨훨 세상을 떠나셨다(2010년 3월).

그때야 사람들은 꺼져버린 모닥불 속의 잔불을 찾겠다고 불쏘시개 질을 하느라 부산을 떤다. 삶의 자유와 행복의 깨달음을 '무소유'라는 세글자로 그토록 보여주었는데도 우리는 또 무엇을 찾는 것일까?

책장 한구석에 그냥 말없이 꽂혀있던 빛바랜 책 한 권을 다시 꺼내 들었다. 치열했던 삶의 흔적들이 추억처럼 되살아나는 1987년 판 범우문고의 『무소유』다. 김수환 추기경이 '아무리 무소유라지만 이 책만큼은 꼭 소유하고 싶다'던 바로 그 책!

끝없는 탐욕이 모든 불행의 시작이라는 법정스님의 그 한마디에 삶의
행복에 대한 진실이 오롯하게 들어있음을 다시 새긴다. 어쩌면 無무라는
것은 아무것도 아니라는 뜻이 아니라 거기에 메이지 말고 그 앞에 자유
로워야 함을 알리려 했을 것이다.

그러면서 富부라는 것은 자본가와 창의적인 몇 사람이 아니라 모두가 각
자의 방식으로 협력한 결과의 산물이기에 그것은 근원적으로 자연의 선
물이며 인류의 축적된 유산이라는 스님의 말을 떠올린다.

이렇듯 원래 내 것이 없음을 안다면 오늘 정말이지 자유롭고 편안한 삶의
발걸음을 할 수 있다. 오늘 나는 다시 텅 빈 충만으로 인생길을 걷고 있다.

마음은
눈물로 닦아라

모두 다 이어져 있다.

내가 다른 사람의 고민을 듣는 일이 왜 그렇게 중요하다고 생각하나?
내 고통과 아픔만으로도 충분한 이 마당에….
하지만 타인에게 뭔가를 주는 것이야말로 내게 살아있다는 기분을 느끼
게 해 주지. 자동차나 집은 그런 느낌을 주지 않아. 거울에 비친 내 모습
으로는 그런 느낌을 받지 못해.
『모리와 함께 한 화요일』 미치 엘봄

진정한 성공이란 앞으로 나아가는 것이 아니라 옆으로 뻗어가는 것이다.
사람의 두 팔은 앞으로 내뻗기 위해서가 아니라 누군가를 감싸안기 위하
여 필요한 것이라 하지 않는가.

오래된 불교 경전 숫타니파타엔 '무소의 뿔처럼 혼자서 가라'고 하였다.
하지만 우리는 거대한 그물의 그물코처럼 연결된 존재이다.

뮤지컬 싯다르타의 배우는 이렇게 목청껏 노래한다.
'홀로 있지 않아 살아있는 모든 게 서로가 서로의 인연과 인연으로 모두
다 이어져 있다.'

아리스토텔레스도 인간은 사회적 동물이라 하지 않았던가. 함께 할 때
우리는 지속가능한 행복을 누릴 수 있다. 우리는 그런 존재이다.

고집쟁이 농사꾼 전우익 선생이 이야기했다지.
'혼자만 잘살믄 무슨 재민겨'

지금 여기의 행복을 놓치면 바보

행복은 계획할 필요가 없다.
이미 여기 있기 때문이다.
그러나 때때로 우리는 미래의 행복을 설계하느라
너무 바빠서 현재의 행복을 누리지 못한다.

계획을 집어치우고,
지금, 이 순간 평화와 사랑과 기쁨을
온전히 받아들이면 어떨까.

많은 사람들은 지금은 아니지만
언젠가 행복할 수 있을거라 생각한다.
지금 내가 견디고 준비하면
자연스럽게 행복이 따라올 거라고.
현재를, 미래를 위해 감내하고 희생해야 하는
거친 황무지로 취급한다.

준비하고 견디는 것은 중요하다.
다만 그것 때문에
지금 여기의 행복을 놓치는 어리석음을 범해서는 안 된다.
결국 우리는 오늘 이 순간을 살아가는 것이므로.

나의 진정성을 존중해 줄 사람들은 많다.

세상을 살아가다 보면 가까운 친구나 지인들로부터 서운함이나 배신감 같은 것을 느낄 때가 있다. 그런 느낌을 경험하는 사람들을 만나 이야기 하다 보면 상대방에게 '그런 걸 꼭 말해 줘야 알아?'라고 어이없어 하거나 '당신이 원하는 게 그랬어?'라며 너무 놀라워하기도 한다.

사이가 가까워지면 '일체감'의 느낌 때문에 굳이 자신의 느낌과 욕구를 이야기하지 않아도 상대가 알 것이라고 착각하거나 말하지 않아도 알아주길 바라는 비현실적인 기대감이 커지기 때문이다.

하지만 아무리 오래 알고 지내는 사이라 하더라도 상대는 내가 정확하게 이야기해 주지 않으면 내 마음을 알지 못하는 엄연히 나와 다른 존재라고 의사 문요한 님은 말한다.

그러므로 내가 겪고 있는 어려움과 외로움을 누군가에게 노출하는 일을 주저할 필요가 없다는 게 내가 좋아하는 정신건강의학과 전문의 정혜신 님의 이야기이다. 돌아보면 나의 진정성을 존중해 줄 본능이 충만한 이들이 주변에 적지 않기 때문이다.

관계를 맺는 데는 다른 사람을 공감하는 것만큼이나 상대가 자신에게 공감할 수 있도록 하는 게 중요하게 때문이다. 그러므로 상대에게 내 느낌과 욕구를 구체적으로 이야기하는 것은 상대에 대한 높은 배려이며 관계를 건강하게 만들어가는 토대이다. 나아가 상호 신뢰의 초석이자 나를 아끼고 사랑하는 길이리라.

시간은 달아나지 않는다.

누가 쫓아오는 것도 아닌데 우리는 늘 쫓기는 삶을 살아간다. 그러다 보면 중요한 일들을 소홀히 하거나 놓치게 된다. 심리적인 스트레스와 불안을 유발하기도 한다.

이는 결국 시간 관리의 문제이다. 중요한 일과 급한 일의 차이를 이해하고 중요한 일에 우선순위를 두어야 한다. 그리고 적극적인 휴식과 재충전의 시간을 가져야 한다. 그랬을 때 우리의 몸과 마음의 건강을 유지하면서 일의 양과 질을 높일 수 있기 때문이다.

'시간이 달아나는 것 같은 기분, 충분치 않다는 생각에 계속 가속 페달을 밟아 시간을 따라잡아야 한다는 강박적인 믿음'을 미국의 내과의사인 래리 도시는 '시간병Time-Sickness'이라고 했다.

꽃으로 피어나야 할 인간을 억누르는 강박증을 이겨내고 진정 삶의 여유를 누릴 수 있는 사람이야말로 미래의 창조자이자 행복한 사람이 아닐까.

이렇듯 시간의 주도자가 되려면 우리 자신이 어디로 가고자 하는지, 무엇을 중요하게 생각하는지를 명확하게 인식할 필요가 있다. 그리고 그것들을 이루기 위해 시간의 집착에서 벗어나 필요한 것들에 집중하자.

어찌 살아봄직 않으리

삶이란 늘 예기치 않은 추억, 행운들을 길섶마다 숨겨놓는다고 한다. 그러기에 각자의 삶에 어떤 것들이 숨어있을까 설레는 마음으로 살아가면 좋겠다. 오늘 만나는 그 사람이 나에게 행운이나 행복을 전해줄지 모르니까.

또한 삶이란 늘 그렇듯이 지난 뒤에 작은 회한이 남는 법이다. 때론 교만함으로 때론 비굴함으로 상대방이나 자신에게 상처를 주고 그로 인해 마음 아파하기도 한다. 그리고 그 상처가 덧날까 봐 그리움이나 추억으로 감싸안고 살아가기도 한다. 하지만 거기에 기대여 새로운 미래를 꿈꿀수 있다면 그것도 다행이라는 생각이 든다.

이렇듯 삶은 애잔하고 살갑다. 그러니 어찌 살아봄직 않으리.

OOPS!

얻으려다 더 큰 것을 잃는다.

사오정이 우연히 요술램프를 주웠다. 그런데 요정에게 한가지 소원만 말할 수 있었다. 사오정은 돈, 여자 그리고 결혼, 이 세 가지를 다 가질 욕심으로 한꺼번에 빠르게 말하였다. '돈, 여자, 결혼!' 소원은 이루어졌다. 사오정은 '돈 여자와 결혼'했다. 『긍정력 사전』 최규상

욕심은 자연스럽게 퇴탈로 이어진다. 돈과 권력을 모두 얻으려 패가망신한 경우가 비일비재하다. 땅콩을 쥔 손을 놓지 않으면 그 손에 다이아몬드를 쥘 수 없기 때문이다. 하나도 얻기 어려운 세상에 둘을 다 얻으려면 불가피하게 대가를 지불해야 한다. 때로는 그것이 목숨일 수도 있다.

그런 면에서 욕심을 억제하는 것은 생명을 얻는 것이고 자유를 선물 받는 것이다. 그럼에도 이 순간 나는 욕심을 부리고 있다. 사람이란 참….

닉 부이치치처럼

닉 부이치치는 말한다.
"저는 팔다리 없이 태어났습니다. 하지만 팔다리가 없기 때문에 다른 사람들을 격려할 수 있다는 것을 깨달았습니다. 한 사람이라도 저 때문에 포기하지 않는 삶을 살게 된다면 저는 계속 팔다리 없이 인생을 살아가고 싶습니다. 여러분이 포기하기 전까지 희망은 거기 그대로 있습니다. 그러니 절대 포기하지 마십시오."

닉 부이치치는 따뜻한 어조로 이어간다.
팔다리 말고 다른 것은 온전하게 가지고 있어 고맙다고. 그리고 팔다리는 물론 다른 것까지도 온전치 못한 누군가에게 미안하다고. 그러니 지금 내가 가지고 있는 것에 집중하자고 힘을 주어 열변을 토한다.

헬렌 캘러도 말했다.
"그저 만져보는 것만으로도 이렇게나 큰 기쁨을 얻을 수 있는데, 눈으로 직접 보면 얼마나 더 아름다울까! 그런데도 볼 수 있는 눈을 가진 사람들은 그 아름다움을 거의 보지 못하더군요."

돌아보고 살펴보니 나는 너무 많은 것을 가지고 있구나. 그러니 어찌 고맙고 그리고 미안하지 않으랴.

다시 내가 가진 것에 만족하고 집중하며 살아야겠다는 새로운 다짐을 한다. 닉 부이치치처럼. 헬렌 캘러처럼.

그깟 나이가 뭐가 중요하랴

유난히 나이에 민감한 사회 탓도 있지만 예순이 넘으니,
나이가 더 예민하게 다가오는 것 같다.

최승자 시인은
'이렇게 살 수도 없고 이렇게 죽을 수도 없을 때 서른 살은 온다.'고 했다.

'스무 살, 그렇게 살아서는 안 되는데, 그렇게만 살고 있는 나이'라는
서울대 김난도 교수의 이야기도 떠올린다.

지난 시절을 돌아보니 둘 다 마음에 와닿는다.
그러다 나도 나름대로 머리를 짜내본다.
사십은 '그저 앞만 보고 달리다 보니 내 나이가 얼마인지 잘 모를 때',
거기에 오십은 '그렇게 살고 싶은데 이렇게 살아야만 하는 나이'라는
생각에 이르자 무릎을 친다.

지금 맞닥뜨린 육십은
'시간은 흘러가는데 움켜쥔 것은 놓기 싫고 다른 삶은 살고 싶은 나이'가
아닐까.

그럴듯하다.

하지만 나이가 뭐가 중요하랴.
움켜쥔 것을 내려놓고 내가 원하는 삶,
좋아하는 삶, 일상에 깨어있는 삶, 나로서 나답게 살아가면 되지.

작은 차이가 행복과 불행을 가른다

매울, 괴로울 신辛 자 위에 선 하나를 그으니 행복의 행幸자로 바뀐다.
자연스럽게 '지금 힘든 상황은 행복으로 가는 도중'이라는 뜻이 된다.

우리는 행복과 불행 사이의 담 위에 서 있는지도 모른다. 어디로 발을 내
딛느냐에 따라 달라진다. 작은 차이가 행복과 불행을 만든다. 삶은 커다
란 공과 같아서 쉬지 않고 굴러간다. 빛이 쬘 때도 있고, 그림자가 드리
울 때도 있다.

나란한 평행선은 그중 하나라도 아주 작은 기울임만 있어도 만나게
된다. 작지만 다른 생각 하나가 위대한 것의 시작이 된다. 세상을 내가
어떻게 바라보고 해석할 것인가가 내 인생을 좌우하는 이유이다.

나의 마음에, 세상의 소리에 귀기울여보면

'남의 좋은 점을 보는 것이 눈의 베풂이요.
환하게 미소 짓는 것이 얼굴의 베풂이다.

사랑스러운 말소리가 입의 베풂이요,
자기를 낮추어 인사함이 몸의 베풂이다.

곱고 착한 마음 씀이 마음의 베풂이니
베풀 것이 없어서 베풀지 못함이 아니라
베풀려는 마음이 고갈된 것임을 알라'는 말을 떠올린다.

꽃을 바라보면서도 꽃피는 소리를 듣지 못하듯,
우리에게 '마음이 있다'는 사실을 깜빡하고 사는 경우가 의외로 많다.
마음보다 상황 논리나 경제 논리를 앞세워 설명하려다 보면 세상의 많은
일들은 이변이나 불가사의, 일시적 쏠림 현상으로 해석될 수밖에 없다.

정혜신, 이명수 님의 '홀가분'에는 이런 구절이 있다.
'내 마음'에 고요히 귀 기울이면 거의 모든 해답은 그 안에 있기 마련이
다. 미처 몰랐을 뿐, 우리 안에 '마음'이 있다는 당연한 사실을 감지하는
순간, 누군가의 머리를 쓰다듬듯 세상도 다정하게 쓰다듬어 줄 수 있다.

언제부터인가 힘든 이웃들은 어찌 되든 말든 도움을 요청해도 나 몰라라
하는 무심한 세상이 되어버렸다. 이런 와중에서 누군가를 위해 기꺼이
즐겁게 마음을 쓴다는 것만큼 귀하고 고마운 것이 있을까.

인생은 버는 게임이 아니라 쓰는 게임이다. 돈도 시간도 재능이나 경험도
쓸 때 그 가치와 의미가 살아있는 것이 된다. 그중 빛나는 것 하나만을
꼽으라면 '마음을 쓰는' 것이리라. 벌써 온기가 느껴진다. 이게 사람 사는
세상인저.

마음은 눈물로 닦으라

몸은 비누로 닦고
마음은 눈물로 닦으라는 말이 있다.
힘든 일은 나를 성숙시킨다.

즐거운 일도 힘든 일도
자세히 들여다 보면
텅 비어있고 아무런 의미가 없다.

그 어떤 평가나 판단이 필요없이
오늘이 당신이 가볍고 온전하게
살아갈 수 있는 최고, 최적의 시간이다.

그러니 그대로 나로서 나답게
나의 길을 가면 된다.

행복의 단순한 원리

행복해지고 싶은 사람들은 저마다의 조건을 내건다.
'몸무게가 줄어들면 행복할 거야',
그 사람에게 전화가 온다면 행복할 거야',
'연봉이 오르면 행복할 거야'

하지만 그 조건이 이루어진다면 정말 행복할까?
그렇지 않다는 것쯤은 이제 우리는 알고 있다.

자기 행복을 놓고 스스로와
거래하려 들면 행복은 달아나 버린다.
행복하기 위한 조건에 대한 집착을 멈출 때
비로소 우리 자신이 보이기 시작한다.

우리 자신이 어떤 조건이나 상황에 관계없이
그대로 행복하고 완전한 존재라는
생각을 받아들일 수만 있다면
우리는 지금, 무조건, 행복해질 수 있다.

이렇듯 내가 어떻게 생각하느냐에 달려있다.

다시 말하지만 행복의 원리는 단순하면서도 분명하다.

어떤 上手^{상수}가 되어볼거나

외로운 인생 여정을 황소걸음처럼 뚜벅뚜벅 걸어가다 보면
여기저기서 상수上手를 만나게 된다.

소동파의 인간도처유청산人間到處有靑山을 빗대어
유홍준 교수는 '인생도처유상수人生到處有上手'라 했다.

명작이 탄생하는 과정에는
반드시 미처 내가 생각하지 못했던
무수한 상수들의 노력이 있게 마련이고,
그것의 가치를 밝혀낸 사람들이 있다.
세상이 알아주든 말든 묵묵히
그것을 지키며 살아가는 필부 또한
인생의 상수들이라 할 것이다.

세월이 흐른 어느 날,
당신도 나도 어떤 上手^{상수}가 되어 있을지 자못 기대가 된다.

낯섬과 호기심에 용기를 더해

늘 겪는 일이라서 으레 그렇더니 했던 것들이 낯설게 다가온 적이 있는가? 언젠가 만난 봄날이 그랬다. 봄꽃들이며, 막 돋아난 봄 순들이 낯익은 것들이라 생각했는데 자세히 들여다보니 온통 새로운 것 투성이였다.

아, 익숙함이란 수많은 낯섬을 품어 안고 있구나 생각하니 작은 호기심과 설렘이 파도처럼 출렁거렸다.

세상살이가 쌓여가면서 언제부터인가 감각이 무뎌지고 낯섬보다는 익숙함의 울타리에 머물기를 즐기는 것 같다. 그러다 보니 다람쥐 쳇바퀴 같은 삶이 더 견고해지면서 삶의 재미가 없다고 투덜대는 사람들을 자주 만나게 된다.

하지만 익숙한 것에서 결별하지 않고 새로운 무엇을 만날 수 없음을 안다면, 기꺼이 작은 용기를 내어 새로운 사람을 만나고, 새로운 삶에 발걸음을 내디뎌 보면 좋겠다.

뻘쭘함은 잠깐이니 호기심과 설렘이 삶의 재미로 이어지는 멋진 라이프 스타일을 자신의 것으로 하면서 말이다.

이제 낯섦도 우정을 나누는 친구처럼 지내야겠다는 생각이 든다.

'익숙해지지 말라. 행복이 멀어진다.' 삶의 타성에 물들어 무뎌진 나에게 먼저 선물하고 싶은 한 구절이다.

그나저나 어릴 때부터 비위가 없어 낯선 것에 대해 주저함이 있는데 괜찮으려나. 에라 모르겠다. 작은 용기를 내어 그냥 해보자.

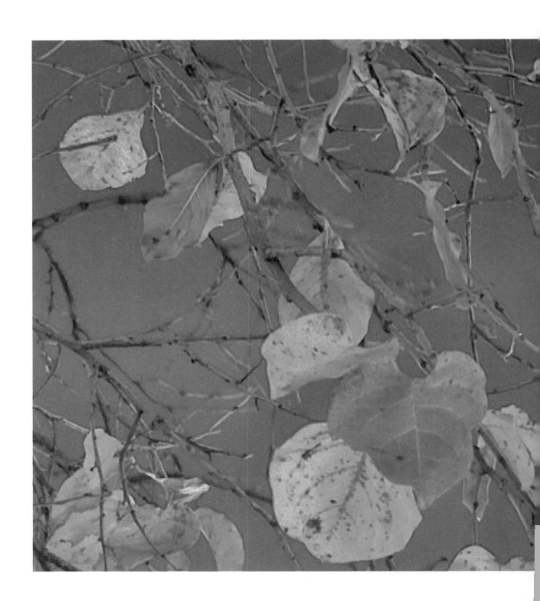

웃지 않으면
바보

행복은 존재에 대해 배우는 것이다.

행복은 존재에 대하여 배우는 것이다.
나의 존재, 나 이외의 존재를 인정하고 존중하며,
다른 사람과 어울리는 법을 배우다 보면
그들을 삶에 초대하는 과정에서 행복은
자연스럽게 따라오는 것이다.

우리들은 이러한 과정을 통해 자신의 한계를 인식하면서
인간은 연결된 존재, 사회적 동물임을 확인하게 된다.
그것이 바로 '성장'이자 관계를 '성숙'시키는 일이며,
인생에서 자기 자리를 찾아가게 되는 것이다.

결국, 행복이란
다른 사람과 자신을 잇는 다리를 놓음으로써
세상과 연결될 때 주어지는
특별한 선물이다.
순간 마음이 따뜻해져 온다.

걱정인형을 넘어

어느 CF에 등장하기도 했지만, 과테말라 인디언들의 풍습에 '걱정인형'이 있다. 걱정이 많아 잠 못 이루는 아이들의 침대 머리맡에 두고 걱정을 이야기하고 자면 자는 동안 인형이 그 걱정을 대신해 준다고 한다.

하지만 걱정인형을 믿기엔 이미 세상의 순수를 잃어버린 세상이기에 CF는 CF일 뿐 여전히 우리는 걱정 속에서 헤매며 살고 있다.

이렇듯 내 삶의 자유와 행복에 가장 큰 걸림돌이 되는 게 '걱정'이니 그래서 걱정이다. 걱정은 내일의 슬픔을 덜어주는 것이 아니라 오늘의 힘을 앗아갈 뿐이기에 어떻게 하면 걱정에 물들지 않을까 여러모로 생각해 본다.

걱정을 해서 걱정이 없어지면 걱정이 없겠다는 티베트속담도 떠올린다. 걱정한다고 걱정이 사라지는 것이 아니라는 것이다. 그런면에서 걱정의 반대말은 안심이나 평온 대신 행동이 아닐까.

걱정하면서 앉아 있지만 말고 기꺼이 행동의 길로 나선다면 걱정거리가 많이 사라지리라. 그 걱정들도 대부분 과거나 오지 않은 미래의 것들이지만.

어찌하든 '걱정하지 마라, 다 잘될 것이다.'며 서로에게 응원을 보내며 살아가면 좋겠다.

역설의 지혜와 행복

역설이란 말, 한 번쯤은 들었을 것이다.

예를 들면 '지는 것이 이기는 것이다.',
'남에게 하는 것이 곧 나에게 하는 것이다.',
'살려고 하면 죽고, 죽으려고 하면 산다.' 같은 말이 거기에 해당한다.

얼핏 생각하면 말이 안 되는 것 같고 당장은 선뜻 이해되지 않는다. 하지만 삶을 넓게 보고 길게 살다 보면 그러한 역설이 맞다는 것을 새삼 깨닫게 되는 경우가 참 많다.

지금은 양보해서 지는 것처럼 보이지만 나중엔 이긴 것과 다를 바 없고, 죽을 각오로 싸우면 끝내 이겨 살아나는 것이 바로 그것이다. 충무공의 사즉생도 그러하고.

그렇게 보면 정설이나 삶의 한 면만을 바라보는 것에서 눈을 돌려 삶의 역설을 깨달아보면 좋겠다. 삶을 다르게 때론 거꾸로 바라보고 살아가는 것, 또 다른 지혜로운 삶이 아닐까.

인생은 희로애락의 비빔밥이다.

일상에서 수많은 사람들을 만나는 삶을 살아간다. 지난 한 주도 어제도 오늘도 많은 사람들을 만나 이야기들을 나누었다. 즐거운 이야기에 내 일인 양 기뻐했고, 가슴 아픈 이야기에 마음을 후벼파는 아픔이 느껴지기도 했다. 희망에 부푼 이야기에 괜스레 설레기도 했다.

그러면서 인생이란 희로애락으로 버무려진 커다란 공이라는 생각을 하게 된다. 공대신 비빔밥이라고 해도 좋겠다.

떼굴떼굴 굴러가다가 '나'라는 대지에 닿으면 때론 기쁨과 즐거움이, 때론 분노와 슬픔이 나의 삶을 엄습한다. 계속 굴러가기 때문에 어느 한 가지만의 만남이 아닌 시시각각 다른 것들과 어찌할 수 없이 만나야 한다.

하지만 그 어느 것도 내 인생의 소중한 것들이라 생각하면 지난 뒤의 회한 대신 지금, 이 순간 만나는 어떤 갈등과 감정도 애정으로 감싸안는 지혜가 필요하리라. 그러기에 작은 행복조차도 때론 지난한 과정을 겪어야만 하는 삶의 산물이라는 게 참 그럴싸해 보인다.

Ha Ha Ha Ha Ha Ha Ha

060

웃지 않으면 바보

달팽이 뿔 위에서 무엇을 다투는가
부싯돌 번쩍하듯 찰나에 사는 몸
풍족하나 부족하나 그대로 즐겁거늘
하하 크게 웃지 않으면 그대는 바보

蝸牛角上爭何事 와우각상쟁하사
石火光中寄此身 석화광중기차신
隨富隨貧且歡樂 수부수빈차환락
不開口笑是癡人 불개구소시치인

_백거이(당나라 시인)의 '술잔을 들며'

따로 설명이 필요 없다. 일상의 사소한 것에 갈등하고 미워하고 싸우며
살아가는 우리네 삶 속에서 이런 시 하나 동행하면 참 좋겠다. 크게 웃지
않아도 좋으니 바보 같은 삶을 살아서야 되겠는가.

행복은 지금 여기 now here 에 있다

힘든 세상을 살아가다 보니 행복은 어디에도 없다 Happiness is nowhere 며 입에 거품을 무는 사람이 있다. 한편으론 행복이 지금 여기에 있다 Happiness is now here 며 스스로에게 부드럽게 말하는 사람들도 있다.

어느 게 맞는지 알쏭달쏭하지만. 세상을 어떻게 바라보느냐에 따라 nowhere가 얼마든지 now here가 될 수 있다는 것이 얼마나 다행스러운지 모르겠다.

행복은 배달되는 것이 아니라 항상 배달되어 내면의 우편함 속에 고이 들어앉아 있다. 문을 열어주기만을 기다리고 있을 그 행복은 '지금 여기 now here'에 있는 것이 분명하다.

행복이 바깥세상이 아니라 나 자신에게 있다고 생각하는 순간 모든 불행을 막아낼 백신을 내가 가지고 있음이 자명하다. 그런 면에서 행복은 밖에서 찾아 나서는 것이 아니라 지금 내가 가지고 있음을 인식하고 그것을 느끼고 누릴 때 내 것이 된다.

홍익변곡점弘益變曲點이라

평소 자면서 꿈을 꾸어도 잠에서 깨고 나면 기억이 잘 나지 않는 편이다. 그런데 오래전 어느 새해 첫날쯤 희미한 기억으로 남아있는 꿈의 스토리 중 지금까지 또렷하게 남아 있는 한 단어가 있다.

홍익변곡점弘益變曲點!~

무슨 뜻인지 알 듯 말 듯한 이 단어가 그때 왜 꿈에 나타났는지 알 수는 없다. 내 나름대로 해석해 보면, '세상을 널리 이롭게 하려면 변화가 필요하고 새해가 바로 그 변화의 시점'이라는 사실을 알려주고 싶었나 보다.

꿈보다 해몽인지 모르지만, 인생길에서 지금까지 다가온 그 어떤 것보다도 삶에 깊숙이 파고든 말이었다.

지금까지 행복을 꿈꾸고 더불어 행복한 세상을 향해 작은 걸음을 터덜터덜 걸어왔다. 그때가 진심 어린 변화를 향한 노력이 절실하게 필요한 시점이었기에 더욱 그러했을 거라 믿는다. 꿈은 현실이 되어야 하기에.

습관은 힘이 세다.

아리스토텔레스는 이렇게 말했다.

"탁월함은 훈련과 습관이 만들어내는 것이다.
이것은 우리가 반복적으로 하는 행동의 결과다.
그래서 탁월함은 하나의 행동이 아니라 습관이다."

훈련이 습관을 만들고, 습관이 성격을 만들고,
성격이 운명을 만든다는 말이다.

공자도 말했다.
"성상근야 습상원야 性相近也, 習相遠也"

선천적으로 타고난 본성은 누구나 비슷하지만
후천적으로 배양되는 습관에 의해 크게 차이가 날 수 있다.

"훌륭한 인간은 태어나는 것이 아니라
훌륭한 업과 습에 의해 만들어진다."는
붓다의 말도 이와 궤를 같이한다.

어쩌면 훈련(수행)과 습관은 성공의 원리이자
행복으로 가는 최고의 방법이라 해도 과언이 아닐 것이다.
이것 하나만으로도 든든함이 밀려온다.

굳건한 결심, 튼실한 뚝심

'굳건한 결심, 부실한 뚝심'이라는 지하철 광고 카피가 생각난다. 아마 많은 사람들이 공감했을게다.

새해를 시작하고 한 달만 지나도 어느 사이에 계획은 오간 데 없이 뒤죽 박죽 엉망이 되어버린 삶을 어찌해야 할지 난감한 사람도 있을 것이다.

곰곰이 생각해 보면 거기엔 다 이유가 있다. 아무리 결심을 해도 작심 삼일이 되는 것은 우리 뇌가 새로 고침을 거부하고 안정적으로 어제와 같은 삶, 인지적 노력을 많이 하지 않고도 얻을 수 있는 습관적인 삶의 안락함을 선호하기 때문이다. (정재승 교수)

그것을 극복하려면 단순무식하게 '그냥 그대로' 습관이 될 때까지 반복 해야 한다. 스스로를 응원하고 격려하며 때로는 잘 달래가며 습관을 만 들어가는 것이다. 거기서 나의 꿈과 목표를 이루는 큰 힘이 생겨난다고 믿기 때문이다. 성공도 행복도 작은 습관에서 나오는 법이다.

이제 부실한 뚝심 대신 튼실한 뚝심이다.

나의 무게를 생각한다

김재진 시인은 이야기한다.

장작을 지펴보면 안다.
가벼운 것들은 가벼운 대로, 무거운 것들은 무거운 대로
저마다 소리를 내며 타오른다는 사실을.

사람도 장작과 같아 가벼운 사람일수록 소리가 크다.
빈 수레가 요란하다고 하지 않은가.

아무리 많은 말을 떠들어대도 건질 게 없는 이가 있고,
그저 침묵하며 눈빛만 주고받았는데도
주위를 따뜻하게 하고 울림을 주는 사람도 있다.

낙엽처럼 쉽게 불이 붙으면 쉽게 꺼지는 법이다.
나는 지금 낙엽일까, 오래오래 타는 장작일까.

나의 무게를 생각한다.
가벼운 장작이 되지 않게
애쓰며 살아온 삶이 뇌리를 스친다.

清福청복을 누리는 사람

세상에 열복熱福을 누리는 사람은 많지만,
청복清福을 누리는 사람은 적다.
(다산 정약용)

열복이 높은 지위에 오르거나 큰 재산을 쌓아
떵떵거리며 부귀를 누리는 복이라면, 청복은 욕
심을 줄이고 맑고 소박하게, 넉넉하지는 않아도
만족하며 세상을 즐길 줄 아는 복이다.

문득 많은 것을 누리는 有유의 작용이 때론 작거
나 비어 있는 無무의 작용에서 나온다는 말을 떠
올린다. 중심의 비어 있는 (無)홈에 의해 바퀴가
굴러갈 수 있는 (有)것이니까. 이렇듯 세상은 無
무에 의해 有유가 돌아간다.

열복이 유라면 청복은 무에 해당한다. 청복清福
의 무게와 의미가 삶을 파고든다. 거기에 내 삶
이 겹친다.

부족함이 더불어 지속가능한 삶으로

에너지를 전량 수입하는 우리의 현실에 여름도 겨울도 전기상황이 녹록지 않다. 다른 삶의 방식을 고민하고 선택해야 하지 않을까.

더우면 시원한 것을 찾게 되고, 추우면 따뜻한 삶을 원하는 것은 나무랄 일이 아니다. 하지만 자원은 유한하고 그 속에서 우리는 더불어 살아가야 한다. 그러니 함께 지속 가능한 삶을 살아가기 위한 실천 방안들을 찾아가야 하리라.

독일의 화학자 리비히는 최소량의 법칙에서 식물의 성장은 가장 부족한 원소에 의해 좌우된다고 했다. 그에 견주어보면 우리가 기꺼이 선택한 한 가지의 부족이 여러 가지의 이로움을 가져올 수도 있지 않을까.

부채만을 고집하지는 않더라도 선풍기로 버텨낼 수 있는 여름도 좋고, 에어컨 온도를 1도만 높임으로써 생기는 시원함의 부족이 이 시대 많은 사람들의 더 큰 풍요에 기여할 수 있다.

이렇듯 시원함을 맘껏 누리는 것이 아니라 시원함의 부족을 함께 선택하여 더불어 더 큰 행복을 누리는 대인이 되어보면 어떨까.

나는 옷걸이가 아니다

동화 작가이자 시인인 정채봉 선생이 이야기했다.

세탁소에 갓 들어온 새 옷걸이한테 헌 옷걸이가 한마디 했다.
"너는 옷걸이라는 사실을 한시라도 잊지 말길 바란다."
"왜 옷걸이라는 것을 그렇게 강조하시는지요?"
"잠깐씩 입혀지는 옷이 자기 신분인 양 교만해지는 옷걸이들을 그동안 많이 보았기 때문이다."

출세 가도를 달려 사회적 지위와 권력을 누린 사람이 나중에 일과 무관하게 연락할 수 있는 사람을 챙겨보니 채 10명이 안 되었다며 쓴웃음을 지었다. 장관까지 한 어떤 분은 점심을 함께할 사람이 없어 혼밥을 한다고 하소연하기도 했다.

이해관계로 쌓아진 관계라는 게 얼마나 쉽게 무너지는 사상누각인지를 잘 보여주는 예이다. 그래서 어떤 자리가 곧 자신이라고 착각해서는 안 된다. 자신은 옷걸이에 불과했다는 것을 직시해야 한다. 이것을 알아차리고 여기에 깨어있을 때 옷걸이 같은 삶에서 벗어날 수 있다.

사랑 한 번 못하는 삶이란

우리는 주는 만큼 받는 데 익숙해 있다. 하지만 사랑에 대해서는 주는 만큼 받을 수 있으리라는 기대를 접어야 한다. 사랑은 믿음을 보여주는 행위이지 교환 행위가 아니다. 사랑이 나타나지 않더라도 우리는 늘 사랑을 향해 마음을 열어두어야 한다.

파울로 코엘료는 '아크라 문서'에서 이렇게 이야기한다. 때로 외로움이 모든 것을 무너뜨릴 것 같을 때도 있지만, 외로움에 지지 않는 유일한 방법은 계속해서 사랑하는 것이다. 인생의 큰 목표는 사랑이다. 그리고 나머지는 침묵이다. 우리가 사랑을 하는 것은 사랑이 우리를 자유롭게 해주기 때문이다.

조건과 이해관계 속의 사랑이 범람하는 세상이다. 사랑은 어떤 것이라고 말하면 순진한 사람, 세상 물정 모르는 사람이라 핀잔을 듣기 일쑤이다.

그러나 말이다. 그런 진짜 사랑 한 번 못 하고 이 세상을 떠난다면 그 인생은 무슨 의미가 있을까. 사랑의 큰 힘을 믿어야 한다.

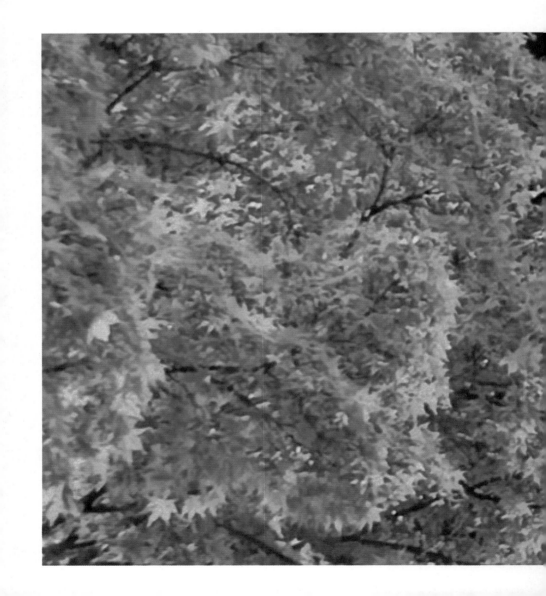

꼬이니까
인생이다

자연, 영혼과 교감하는 시간이 있다.

우리는 한 해를 시작하면서 이런저런 달력을 만난다. 그 달력을 통해 1년 열두 달이며, 한 달 한 달 시간의 경과를 알 수 있다.

그런데 언제부터인가 인디언들이 표현하는 달의 이름을 보니 얼마나 가슴이 따뜻해 오던지.

인디언의 달(매월)은 단순히 숫자로는 표현할 수 없는 생생히 살아 움직이는 대지의 혼이었다. 인디언들은 외부를 바라봄과 동시에 내부를 응시하는 눈을 잃지 않았고, 변화하는 세계 속에서 변화하지 않는 것들을 들여다볼 줄 아는 지혜를 가졌다. 그래서 다가오는 그때그때의 세월은 대지와 생명에 대한 존경과 존중, 감사와 순종이 있는 시간이었다.

그런 생각과 철학 속에서 달의 이름이 표현되었던 것이다.

예를 들면 1월은 마음 깊은 곳에 머무는 달(아리카라족), 3월은 한결같은 것은 아무것도 없는 달(아라파호족), 4월은 생의 기쁨을 느끼게 하는 달(블랙푸트족), 6월은 말없이 거미를 바라보게 되는 달(체로키족), 8월은 다른 모든 것을 잊게 하는 달(쇼니족), 11월은 모두 다 사라진 것은 아닌 달(아라파호족), 12월은 침묵하는 달(크리크족)등 이런 식이다.

달에 대한 그들의 생각과 마음을 오롯이 알기는 어렵지만 그 이름들을 통해 느껴지는 것은 단순한 무엇이 아니다. 자연과 함께 어우러지고 저 마음 깊은 곳의 영혼과 교감하는 듯한 그들의 세계가 경이롭고 부럽기도 하다.

그에 비하면 우리 시대의 시간(세월)은 무심결에 다가오는 통과의례 같거나 단순한 숫자로 기호화되어 있을 뿐이다. 생명을 떠나고 대지를 떠난 업무적, 경쟁적, 냉혈적인 그것으로 남아있다는 사실이 마음을 안타깝게 한다.

날이 갈수록 삭막하고 각박해지는 세상의 흐름이 사람은 물론 시간에 까지 전염되고 있는 것 같기도 하다. 지금 우리의 자리를 살핀다.

양서류의 삶을 꿈꾼다

문득 인간은 포유류가 아닌 양서류의 삶을 살아갈 때 더 즐겁고 행복할 거라는 생각을 한 적이 있었다. 한 쪽에만 머무르지 않고 뭍과 물을 오가는 개구리처럼, 행복과 불행을 넘나들고 기쁨과 슬픔을 오가는 삶 말이다.

그러기에 일상의 뻔한 삶에 매몰되지 말고, 때론 작은 변화를 시도해 가는 노력이 우리에게 필요할 것 같다. 타성보다는 탐험이 일상속에 어우러지는 삶, 일상과 탐험을 오가는 양서류의 삶이 훨씬 역동적이고 삶의 맛을 제대로 느낄 수 있을 것 같기에 그렇다.

그런데 개구리가 선뜻 동의하려나.

꼬이니까 인생이다

072

영화 '여인의 향기'의 알파치노의 대사 중에 '스텝이 엉키니까 탱고다.'라는 대사가 나온다. 그대로 '꼬이니까 인생이다'라고 해도 잘 맞는 것 같다. 내 마음대로 되는 일이 많지 않으니 '꼬이다'는 스텝보다 오히려 인생에 더 잘 어울린다.

살아가면서 희로애락의 롤러코스터를 타거나 힘든 상황에 놓여있을 때 '꼬이는 게 인생'이라는 말을 떠올린다면 조금은 위로가 되지 않을까. 그러니 좌절하지 말고, 꿋꿋이 버텨가다 보면 분명 삶의 돌파구가 열릴 거라 믿는다. 우리네 인생은 동굴이 아닌 끝이 있는 터널이니까.

자유의 귀환을 기다리며

2013년 세상을 떠난 만델라 전 남아공 대통령! 그는 거의 1세기의 삶을 살아가는 동안 자유와 정의, 화해의 발걸음을 멈추지 않았다. 불의한 세상에 맞서 이겨낸 투사였고, 자신과 국민을 탄압한 '적'들에게 거리낌 없이 손을 내민 성자였다. 자신이 속한 부족, 인종, 국가의 이해를 뛰어넘어 정의와 자유의 빛을 인류에게 비추었다.

그는 말했다. "자유로워진다는 것은 단순히 한 사람의 사슬을 끊는 게 아니라 다른 이들의 자유를 존중하고 확대하는 방식으로 살아가는 것이다."

자유를 떠올리니 이 땅의 현실이 그대로 오버랩된다. 이 시대 혼란과 고통의 중심에 있는 한 사람의 연설과 언론을 분석한 기사들을 보면 그가 가장 많이 쓴 단어가 '자유' 그리고 '자유민주주의'였다. 계엄을 선포한 이유도 자유민주주의를 지키기 위해서였다고 강변한다. 끝내 적반하장의 길을 가다가 자업자득, 파멸에 이르렀지만…

대체 자유란 무엇일까. 누가 어디에 사용하느냐에 따라 자유의 의미는 전혀 달라진다. 누군가는 인간의 자유, 사랑의 자유를 위해 평생을 바치기도 하지만 또 다른 편에 있는 이들은 권력의 자유, 자본의 자유를 외치며 사람들을 억압하고 선동한다. 그만큼 자유는 매혹적이고 숭고하면서도 때로는 위험한 개념이다.

자유란 내 마음대로 하는 것이 아니다. 온전히 내 책임으로 하는 것이다. 원하는 것을 추구할 자유가 주어졌지만 그 선택의 결과에 대해 책임져야 한다. 온전한 책임만이 온전한 자유를 선사한다.

자유가 다른 사람들의 자유를 존중하고 확대하는 방식으로 나아가야 한다는 만델라의 말까지는 아니더라도 '자신의 자유로운 행위'에 최소한의 책임이나 성찰조차 하지 않는 이 땅의 지도자를 마주하자니 한숨이 절로 나온다.

다시 자유가 이 땅의 화두가 되었다. 진정한 자유의 귀환이 기다려진다.

잠시 빌린 것이니 잘 써야죠

오래전 후배의 초대로 배우 김혜자 선생의 공연에 함께 했다.

'오스카! 신에게 보내는 편지'
90분 내내 홀로 진한 여운과 감동을 전해 준 노배우의 투혼이 가슴 저미게 다가왔다. '국민 엄마'에 걸맞게 대사, 표정, 감정들이 살아 움직이며 함께 한 많은 사람들의 마음을 흔들어 놓았다.

죽음에 관한 이야기였지만 천진난만한 아이의 편지 속에 순수함과 유쾌함이 군데군데 묻어 있다 보니 삶과 죽음의 경계가 뭐 그리 대단한 게 아니라는 느낌이 들었다.

내 안에도 그런 '아이 하나' 키우며 살아가야겠구나! 하는 생각도 했다. 순간 스쳐 지나간 느낌, 동전에는 앞면과 뒷면뿐 아니라 작지만, 옆면도 있다는 것, 그러기에 삶을 그렇게 팍팍하게 살지 않아도 되겠구나! 하는 생각이 이어졌다.

오늘 난 백 살이 되었어요. 장미 할머니처럼요. 계속 잠이 쏟아지지만, 기분은 좋아요. 난 엄마랑 아빠에게 삶이란 참 희한한 선물이라고 얘기를 해줬어요. 사람들은 처음에 이 선물을 과대평가해요. 영원한 삶을 선물 받았다고 생각하는 거예요. 나중엔 과소평가해요. 지긋지긋하다느니 너무 짧다느니 하면서 내동댕이치려고 하죠.

그러다 결국 선물 받은 것이 아니라 잠시 빌린 것이라는 사실을 깨닫게 되는 거예요.빌린 것이니 잘 써야죠.
(에릭 엠마뉴엘 스미트 『신에게 보내는 편지』)

나만의 시읽기를 해볼까

075

나는 1년에 몇 권의 책을 읽고 있을까.
2023년 기준 국민 연간 평균 독서량은 3.9권으로
직전 해에 비해 0.6권 줄어들었다고 한다.

국민 6명 중 1명은 1년에 책을 1권도 읽지 않는다는 통계도 있다.
디지털 온라인 시대라 그럴 수도 있다.
하지만 눈앞에 보이는 것들만이 최고의 삶인 양
살아가는 세상인 것 같아 아쉽고 안타깝다.

그나저나 1년에 시집을 한 권이라도 읽는 사람은 얼마나 될까.

'내 무덤 앞에 서지 마세요. 그리고 풀도 깎지 마세요.
나는 그곳에 없답니다. 나는 그곳에 잠들어 있지 않아요.
나는 불어대는 천 개의 바람'

인디언의 한 부족은 삶과 죽음 앞에서의 자유로움을
이렇게 시로 노래했다.
이러한 시에 무관심하고 시가 일상에서 멀어진다는 것은 무엇을 의미할까.
시적 느낌이 사라진다는 것은 우리의 삶이 다하는 것은 아닐까.

인공지능, 로봇 등 디지털 기술의 발달로
날이 갈수록 각박해지고 있는 세상에
오히려 시와 함께하는 아날로그적 조화가 필요함을
생각하니 더욱 그렇다.

무료하고 각박한 일상에
울림과 따뜻함을 살짝 맛보게 하는 시,

이제부터라도 '나만의 시 읽기'를
시작해 보면 좋겠다고 생각한다.
손에 작은 시집 한 권 들고 다니면서.

시 한편에 삼만원이면
너무 박하다 싶다가도
쌀이 두 말인데 생각하면
금방 마음이 따뜻한 밥이 된다는
함민복 시인의 말에 눈시울이 뜨거워진다.

잘 쓰고 가는 삶을 예찬하며

김영권 작가의 이야기를 빌려 내가 진정 하고 싶은 말은 이런 것이다.

내가 진짜로 하고 싶은 얘기는 돈을 버는 법이 아니라 돈을 그만 버는 법이다. 사람들이 돈 버는 법에만 매달리다 보니 끝도 없이 돈을 벌려 한다. 목숨 걸고 돈만 번다. 예순이 되도, 일흔이 되도 그만 벌 줄 모른다.

그러나 돈은 쓰려고 버는 것이다. 쓸 만큼 벌었으면 그만 벌어도 된다. '쓸 만큼'을 줄여도 그만 벌 수 있다. 그 이상 버는 것은 공연한 낭비다. '삶의 비경제'다.

곰곰이 생각해 본다. 아무리 생각해 봐도 인생은 버는 게임이 아니라 나를 위해, 세상을 위해 쓰는 게임이라는 것을.

생을 마치는 날, 죽음의 관문에서 누군가가 나에게 이런 질문을 한다면 어떻게 답할 것인가.

'너는 얼마나 벌었느냐?' 아니면 '얼마나 잘 쓰고 왔느냐?'

생을 다하는 날까지 생존이 아닌 잉여(벌이)를 위해 내 삶의 소중한 시간을 쓰는 것만큼 어리석은 일이 어디 있을까.

이런 단순한 삶의 이치를 지금 우리는 무시하고 놓치고 살고 있는 것은 아닌지 길을 가는 아무라도 붙잡고 묻고 싶다.

틈과 여유가 내게로 오기를

바위틈에서 나무가 자라고,
고즈넉한 사찰 요사채 지붕 틈 흙 한 톨에서
어린 생명의 싹이 트는 것을 본 적이 있는가.

쇠귀 신영복 선생은 감옥 창틈 사이에서 싹트는 생명을 통해
생의 경이로움과 살아야겠다는 생존 본능을 일깨웠다고 했다.

빈틈없는 사람이 되라고 부추기는 세상에 틈이란 무엇일까.
틈은 우리에게 자신을 믿고 사랑할 수 있는 여유를 준다.

어려움 속에서도 자신을 사랑하고 믿을 수 있는 공간을 제공하고,
그 작은 여유가 마음의 안정을 주고, 긍정적인 삶을 살도록 돕는다.

또한 완벽한 삶보다는 약간의 허술함을 통해
자신과 타인을 품어 안을 수 있기에 연결과 포용의 힘을 느끼게 한다.
이를 통해 관계를 더욱 깊고 의미 있게 만들어갈 수 있다.

그리고 틈은 역경 속에서도 새로운 가능성을 발견하고
나아갈 수 있는 회복과 성장의 기회를 제공하고 있다.

이렇듯 그 어떤 역경에서도
나 자신과 세상에 힘을 주는 틈이 있는 삶,
작은 여유와 함께하는 삶을 꿈꾸면 어떨까?

용감한 자가 미녀를 얻는다

요즘 어떤 사랑을 꿈꾸나요?
아니 머뭇거리는 사랑을 하는 것은 아닌지?

김소연 시인은 말한다.
"사랑에서 예의는 사랑의 걸림돌이 되거나 심지어 모독이 되기도 한다.
사랑은 결례의 와중에서만 완성되며, 결례는 버겁고 피곤한 것이지만
그 중압감이 황홀할 때가 사랑에 빠진 때"라는 것이다.

늘 예의와 체면, 잘 보이기 등에 끌려다니다가 나의 진정한 사랑을 놓칠
수도 있음을 생각하니 공감되는 바 크다.

지금까지 살아온 삶의 방식으로 사랑을 하려 하니 쉽지 않다. 하지만
작은 용기를 내어 결례를 무릅쓰고 부딪혀 나갈 때 진짜 사랑을 얻을 수
도 있다니 뭔가 느낌이 몰려온다.

결례 중에 완성되는 사랑이라니.
그래서 용감한 자가 미녀를 얻을 수 있다고 했나 보다.

쉽고도 어려운 이 시대의 행복

누구나 행복한 삶을 꿈꾼다.
국민 행복 시대를 국정 목표로 내세운 시대도 있었다.

그런데 말이다. 진짜로 행복한지 물어보면 망설임 없이 그렇다고 대답할
사람이 얼마나 있을까.

오래전 부탄을 다녀온 지인과 행복 이야기를 나눈 적이 있다. 부탄이
행복한 나라로 알려져 있는데 자신이 머문 한 달 동안 그들이 왜 행복한
지 모르겠다고 했다. 자신은 오히려 지루하고 불편했다는 것이다.

하지만 나는 금방 알아차렸다. 그들은 그 지루함과 불편함을 오히려
편안함과 소소한 기쁨으로 받아들이고 있다는 것, 어쩌면 '불행'이라는
단어를 그들은 잘 이해하지 못할 수도 있었을 것이다.

아마 행복이란 이런 이치 속에 있기에 우리 사회의 행복이 '가까이하기
에 너무 먼 당신'이 되는 것은 아닌지 모르겠다.

그런데 안타깝게도 얼마 전 부탄의 행복지수가 추락했다는 소식을
얼핏 들었다. 세계가 SNS로 연결된 것이 이유라는 말도 있지만 그보다
는 급격한 산업화로 인한 빈부격차의 증가와 자연환경 훼손이 원인이라
는 말도 있다.

이래저래 지구촌은 행복한 삶을 살아가기에 녹록지 않음이 참으로 서글
프다.

아이들은 왜 달릴까?

080

뜬금없는 말이지만 길을 가다 보면 달리는 아이들을 가끔 보게 된다. 그런데 아이들은 왜 달릴까. 문득 그런 생각이 들 때가 있다. 아마도 달리는 것이 즐거워서 별 이유 없이 달릴 것이다. 어른들처럼 하는 일에 의미를 부여하고 조건을 따지지 않을거니까.

그렇게 생각하니 아이들의 순수, 동심, 천진난만함이야말로 즐겁고 행복한 삶의 원천이자 뿌리가 아닐까 한다. 아마도 어른들이 잃어버린 소중한 것의 으뜸은 바로 이것일 것이다.

그러니 철이 없다는 이야기를 듣더라도 어린이의 순수함을 찾아가는 작은 몸부림이 필요한 때라는 생각이 든다. 애어른보다는 어른에게 애정을 주고 싶고.

생떽쥐페리의 『어린 왕자』에 이런 구절이 괜히 있는 것은 아닐 것이다. '어른은 누구나 어린아이였다. 그것을 기억하는 어른은 그다지 많지 않다.'

'봄'의 계절이 좋다.

봄비가 내리고 봄꽃들이 향연을 벌일 때면 봄 소풍을 가고 싶은 마음이
절로 일어난다. 문득 '봄이 뭐지' 하는 엉뚱한 상념에 빠져 있다가 어쩌면
봄은 '보는' 계절이 아닐까 한다. 단순히 본다는 것을 넘어서는 '봄' 말이다.

사랑하는 사람끼리 따지고 평가하지 말고, 서로를 있는 그대로 '지켜 보
고', 생각만 했던 뭔가를 직접 '해 보고', 내가 가진 작은 것이라도 '나누어
보고', 누군가의 이야기에 '귀 기울여 보는' 그런 따뜻하고 즐거운 봄을 생
각한다.

더 나아가 진정 내 영혼과 마음을 맑은 눈으로 '바라보는' 울림이 있는
봄, 더불어 살아가는 이웃들의 아픔을 따뜻한 관심으로 '바라봄'...

싱그러운 바람, 들꽃 하나에도 여유를 가지고 바라보는 그런 봄이 진짜
봄일 거라는 생각을 봄바람에 실어 보낸다. 봄이 오고 있다.

가장 흔한 행복의 추억

누군가 말했다. 신은 생물들에게 가장 필요한 것은 흔하게 만들고 필요한 게 아닌 것들은 드물게 만들었다.

그러기에 공기가 가장 귀하고 흙과 물이 그다음이며, 희소하여 서로 가지려 애쓰는 다이아몬드는 우리가 살아가는데 별로 소용이 없다고 해야겠다. 그런 의미에서 보면 '행복'이란 공기처럼 가장 흔한 것이니 가장 귀한 것이다.

오래전 부탄인 페마씨와 함께하는 토크콘서트 '행복한 나라 부탄 이야기'를 진행한 적이 있다.

그는 말했다. 좋은 시계를 차고 있으면서 시간은 없고, 돈은 많지만, 쓸 시간과 마음의 여유가 없고, 집은 있지만 편안함은 별로 없는 삶을 우리가 살고 있는 것 같다. 그냥 그대로의 삶을 받아들이고 즐기는 것이 행복인 것 같다.

순간 그가 진짜 '행복디자이너'라는 생각이 들었다. 많은 것을 누리는 삶이 행복한 것이 아니라 스스로 만족하고 더불어 살아갈 때 진정 행복한 삶이 열린다는 것이다. 먼 길을 달려온 부탄인 페마가 우리에게 전해준 작지만 특별한 선물이었다.

가장 흔한 행복의 추억이 지금도 기억에 또렷하다.

충분히 슬퍼하고 함께 슬퍼하면 된다.

치유자 정혜신 님은 이야기한다.
어릴 적 자전거를 배울 때 넘어지려고 하면
넘어지는 방향으로 핸들을 꺾어야 넘어지지 않는 것처럼
슬프고 괴로울 때 슬픔에 충분히 젖어 들 수 있다면
그것은 축복이다.
그래야 마지막에 넘어지지 않는다.

작은 기쁨 하나가 큰 슬픔을 견디게 하고
함께 슬퍼할 수 있으면 아주 슬프지 않다고 한다.

가끔 눈물이 나고 가슴이 복받쳐 올 때가 있다.
궁상이라는 느낌,
한편으로 아직 공감각이 살아있는 것 같아
다행스럽다는 생각이 든다.

우리 눈의 본질은 보는 것이 아니라
눈물을 흘리는 것이라고 한다.

하지만 남 앞에서 흘리는 눈물의 본질은 보여주는 게 아니라
훔쳐내는 것이어야 한다는 어느 작가의 말이
어찌 이리도 마음을 파고드는지 모르겠다.

남몰래 흘리는 눈물은 누군가 우연히(!) 알아차릴 때
비로소 감동이 생기는 법이다.

눈물의 순수함이 나락에 떨어진 것 같은 현실이
마음을 착잡하게 한다.

수많은 아름다운 청춘들이 영문도 모른 채 사라졌다.
2014년 4월의 봄날이었다.

발길을 멈추고 주인으로서의 나를 만나보자.

084

요즘 베이비부머 세대들의 퇴직에 맞물려 새로운 시작을 꿈꾸는 사람들이 많아지고 있다. 하지만 새로운 시작에 대한 준비보다는 조바심과 막연한 기대심이 뒤섞여 새로운 미래의 단추를 잘못 끼우는 경우가 적지 않다. 이럴 때일수록 이제야말로 주인으로서의 '나'의 삶에 관심을 가져야 할 때가 아닐까 한다.

지금까지 사회적인 역할을 위해 썼던 나의 가면을 벗어 던지고 두려움, 혹은 왜소함, 불안감 따위의 느낌을 피하지 말고, 직시해 볼 필요가 있다는 것이다. 그래서 처음엔 당장 무엇을 하기보다 일정 기간이라도 발길을 멈추고 삶의 주인으로서 나를 만나는 노력을 해보면 좋겠다는 생각이다.

여행을 떠나도 좋고, 자원봉사를 하거나 지난 삶을 기록해 보는 것도 좋을 것이다.

좋은 미래를 추구하기보다 좋은 과거를 축적해 가는 마음으로 살아가도 되고, 두려워할 필요도 없고 기가 죽을 필요도 없이 있는 그대로의 자신으로도 괜찮다는 생각으로 살아보는 거다.

지금이 괴로워 견딜 수 없어도, 시시한 인생이라 생각되어도, 마침내 인생이 끝나기 전까지 좋은 인생으로 바뀔 가능성이 있다는 것. 특별히 적극적인 일을 할 수 없어도, 특별히 창조적인 일을 할 수 없어도, 지금 거기에 있는 것만으로 당신은 충분히 당신답다는 것이다.

세상에서
가장 가난한 대통령

그래서 희망이다

여러모로 어려운 시기인지라 희망이라도 붙잡고 가야 할 것 같아 슬쩍 끄집어낸다. 고대 철학자 키케로는 '삶이 있는 한 희망'이 있다고 했으니까.

니체는 '희망은 고통의 가장 큰 해악'이라고 말하면서 희망이 때로는 현실을 외면하게 만들 수 있다고 경고했지만, 동시에 고통을 극복하는 힘으로서의 희망도 강조했다.

빅토르 프랭클은 '희망은 삶의 의미를 찾는 데 필수적'이라고 주장했다. 그는 극한 상황에서도 희망을 잃지 않는 것이 생존에 중요한 역할을 한다고 믿었다.

마야 안젤루는 '희망은 꿈을 현실로 만드는 힘'이라면서 희망이 사람들에게 긍정적이고 지속적인 변화를 불러오는 원동력이 된다고 이야기했다. 또한 버지니아 울프는 '희망은 우리가 내일을 향해 나아가게 만드는 빛'이라고 표현했고, 파울루 코엘류는 "희망을 잃지 않으면 모든 것이 가능하다'고 말하면서 희망이 인생의 여정을 더욱 의미 있게 만든다고 믿었다.

또한 중국 근대사상가 루쉰은 희망을 '본래 있다고도 할 수 없고, 없다고도 할 수 없다'며, 이를 '땅 위의 길'에 비유했다. 원래 길은 없지만, 사람들이 걸어 다니면 길이 생기듯, 희망도 믿고 행동하는 사람들에게 생겨난다는 것, 가감 없이 그대로 믿고 싶다.

이처럼 여러 철학자와 작가들이 이야기한 것처럼 누가 뭐라 하든 희망은 우리에게 힘을 주고, 어려움을 이겨내도록 도와주는 소중한 무엇이다. 그리고 그 희망도 더불어 할 때 더 현실이 되어 우리 앞에 다가오지 않을까.

진짜 가을을 만나려면 가을숲으로 가라.

눈을 들어 가을 숲으로 향한다. 울긋불긋 가을 잔치에
아직도 제 색인 녹빛을 간직하고 있는 나무와 잎들이 보인다.

순간, 이 녹빛이야말로 노란 잎과 빨간 잎을 돋보이게 하는, 가을 단풍을
더욱 아름답고 찬란하게 하는 원천이라는 생각이 들었다. 남들이 장에
가니 따라가는 것이 아니라 제 자리를 지키는 그 녀석, 그 빛깔의 잎들을
따뜻하게 어루만져주고 사랑해 주고 싶다. 이를 닮은 세상의 사람들도.

그러고 보니 가을이 찬란한 빛과 색깔로, 온몸으로 보여주는 것은 우리에게 '각자가 가진 색깔'들을 세상 속에서 기꺼이 나누고 써나가라는 강한 메시지가 아닐까. 그리고 우리들 마음속에 자신의 색깔을 키울 '작은 가을 숲' 몇 뙈기라도 가꾸어 가면 더욱 좋을 것이고.

진짜 가을을 만나려면 가을 숲으로 가라. 진짜 인생의 즐거움을 맛보려면 사람의 숲으로 가듯이.

여가를 잘 누린다는 것

087

바로 '행복해지려면' 무엇이 필요할까?
돈, 건강, 사랑, 좋은 관계 등 사람에 따라 다를 것이다.

행복의 요소 중 주목해야 할 것은 바로 '여가'이다. 지금까지는 다소 관심
영역 밖에 머물렀지만, 우리가 경제활동을 하고 건강을 지키려 애쓰고
좋은 관계를 맺으려 하는 것 모두가 궁극에는 삶을 즐기는 여가를 위한
것이기 때문이다. 역사학자 아놀드 토인비는 "인류의 미래는 여가를
어떻게 수용하느냐에 달려 있다"고 말했다.

'얼마나 있어야 충분한가'의 저자들인 스키델스키 부자는 '여가란 일을
하지 않는 상태가 아니라 외적 강제 없이 자신이 정말로 원하는 일에 몰
입하는 적극적인 활동을 의미한다'고 이야기한다. 여가가 없는 삶은 무엇
인가를 위해 애를 썼지만 실제로는 진정한 삶, 그 자체를 위해서는 영위
된 점이 없다는 점에서 공허할 수밖에 없다는 것이다. 결국 누가 여가를
잘 누렸느냐가 그 사람의 인생을 좌우할 것이기에.

반農반X의 삶을 살아가자

시오미 나오키가 제안한 '반農반X'의 삶이 있다.

효율만 좇아온 현대 사회, 경제가 성장해야 삶과 사회가 풍요로워진다는 절대적 논리에 슬슬 균열이 생기기 시작했다. 성장이 한계에 이르면서 기존의 탐욕적 삶의 방식으로는 더 이상의 풍요를 누리기 어려워진 탓이다.

그래서 소유가치에서 이용가치로, 규모의 이익에서 작은 것의 이점으로, 독점에서 공유로 시대의 가치가 변화하고 있다.

'반農반X'의 삶은 지속 가능한 일과 삶의 조화를 추구한다. 일정 정도의 일(農)을 하되 소비(지출)를 줄이고 삶의 철학이나 방식의 변화를 통해 지속가능성을 확보하고, 나머지 시간은 내가 원하는 삶(X), 좋아하는 것에 사용하는 것이다. 여행이나 자원봉사, 취미활동 등 내가 하고 싶은 것들을 통해 여가를 누리는 것이다.

소유의 삶보다 존재의 삶, 경험적 삶으로는 전환이다. 다양한 라이프스타일의 도시적 삶과 農의 결합을 통해 지속 가능한 새로운 삶의 모델이다. 양자택일의 삶 대신 현실 속에서 가능한 한 길을 모색하고자 하는 조화로운 삶의 방식이다.

평생 일만 하다가 자신이 진정 원하는, 하고 싶은 것을 하지 못한다면 이런 삶이 무슨 의미가 있으랴. 특히 인생 2막에 이르렀다면 꼭 관심을 가져야 할 삶의 방식이다. 난 오늘도 '반農반X'의 삶을 꿈꾼다.

누구나 꽃이다. 그대로 피어나면 된다.

내가 좋아하는 도종환 시인은 말한다.

나만 외로운 게 아니라 다른 사람들도 다 그렇게 외롭고
지금 그대 곁에 있는 사람도 그대만큼 외롭다고.

그들이 이 세상을 꽃밭으로 가꾸는 것처럼
그대도 그렇게 꽃으로 있다고.

조동화 시인은 이렇게 이야기한다.

나 하나 꽃 피어, 네가 꽃 피고 나도 꽃 피면
결국 풀밭이 온통 꽃밭이 될 것이라고.

나 하나 물들어, 내가 물들고 너도 물들면
결국 온 산이 활활 타오르는 것 아니겠냐고.

그렇다. 우리는 다른 이에게 힘이 되는, 누구나 꽃이다.
그리고 나 하나 꽃피어 꽃밭이 되고,
나 하나 물들어 온 산을 활활 타오르게 하는 존재다.

그대로 꽃이다. 위대한 존재다.
너도 나도 우리 모두가.

세상에서 가장 가난한 대통령

세상에서 가장 가난한 대통령 무히카의 연설을 따라 외친다.

시간을 우리 자신을 위해 쓸 수 있을 때, 나는 그것을 자유라고 부른다.
자유로워지고 싶다면 소비에 냉정해져야 한다.

가난한 사람은 적게 가진 사람이 아니라 더 많이 필요로 하는 사람이다.
나는 가난한 대통령이다. 하지만 내 마음은 절대 가난하지 않다. 삶에는
가격이 없다.

내가 무언가를 살 때 그것은 돈으로 사는 것이 아니다. 그 돈을 벌기 위
해 쓴 시간으로 사는 것이다. 이 시간에 대해 인색해져야 한다. 시간을
아껴서 정말 우리가 좋아하는 일에, 우리에게 힘이 되는 일에 써야 한다.

세상에서 가장 가난한 대통령, 하지만 가장 자유로운 사람, 우루과이
무히카 대통령이 내 삶 속으로 들어왔다. 그런 마음으로 그런 자세로
그렇게 실천하며 살아가리라.

날과 자리를 넘어

1년 열두 달 달력을 펼쳐본다. 이런저런 날들이 참 많다.

4월 8일 어버이날이 눈에 들어온다. 순간 이날 하루만 어버이날이면 나머지 364일은 무슨 날일까를 생각한다. 어린이날도 그렇다. 그날만 아이들 세상이라면 다른 날들은 아무렇게나 해도 된다는 건가. 그래서 수많은 아이가 존중받기는커녕 경쟁교육과 폭력에 시달리고 있는 걸까.

지하철 노약자 경로석은 또 어떤가. 자리를 정해 놓다 보니 나머지 자리는 경로석이 아닌 듯 여겨져 어정쩡하게 서서 갈 수밖에 없는 경우를 자주 목격하게 된다. 어르신이나 몸이 불편한 분들에게 자리에 상관없이 그냥 양보하면 될 텐데 말이다. 정해 놓은 것이 오히려 다른 부작용이나 어려움을 낳고 있는 것이다.

정해진 것이 중요한 것이 아니다. 오죽하면 정했을까. 365일 하루하루가 모두 새해인 것처럼, 하루하루가 어버이날이요, 어린이날이 아닐까. 그리고 지하철의 모든 자리가 노약자 경로석이다. 언제든 기꺼이 즐겁게 양보할 성숙한 시민들은 얼마든지 있으니까.

건강한 상식, 일상에 깨어있는 마음으로 함께 살아가면 삶도 세상도 밝고 아름다워질 수밖에 없다. 오늘도 그 마음으로 살아간다.

진심은 통하는 법이다.

주로 관계적 삶을 살아가다 보니 이런저런 인연들이 끝없이 이어진다.

오지랖 넓은 삶 속에서도 문득 혼자라는 생각이 들 때가 있다. 때론 절대고독 심연의 늪으로 빠져들기도 하고 나선형 깔때기 속에 헤어날 길이 없는 침묵의 소용돌이처럼 삶이 헛돌고 있다는 느낌이 들기도 한다.

눈앞의 인연에 집착하며 쩔쩔매다가 크고 작은 상처투성이로 살아가는 자신의 삶이 거울을 보듯 덩그러니 보일 때면 마음이 짠하다.

하지만 어디에서든 진정으로 나를 알아줄 사람들은 얼마든지 있다는 것을 새삼 확인하곤 한다. 그러니 내게 뜻과 요청이 있다면 누군가에게 삶의 각을 좁혀 진실한 제안을 해 보면 어떨까. 진정으로 마음을 담아 전한다면 진심이 통할 수도 있으니까.

오늘도 그 진심에 대한 믿음으로 뚜벅뚜벅 걸어가고 있다.

하루의 발견

오늘 나는 ——————을 하고 싶다

죽기 전에 하고 싶은 일이나 비장한 삶의 계획 말고, 오늘 바로 하고 싶은 일, 그리고 지금 소소하게 할 수 있는 일, 한 가지를 적어보자.

예를 들어 좋아하는 카페, 편안한 구석 자리에 가서 카푸치노에 시나몬을 듬뿍 뿌려 마시거나 따뜻한 레몬차 한 잔 마시기, 동네 공원 벤치에 앉아 좋아하는 음악 들으며 그냥 멍때리기도 좋다.

좋아하는 후배 최은숙 작가는 『하루의 발견』에서 이렇게 제안하고 있다.

기억이 가물가물한 초등학교 친구에게 카톡 대신 안부 전화는 어떠랴. 비장한 마음으로 세운 거창한 계획은 때론 초라하게 희미하게 잊힌다.

가볍게 터치하듯이 손쉽게 할 수 있는 일, 그것을 적어놓고 그것을 바로 해보는 것이다. 반복해서 하다 보면 나의 행복습관이 된다. 그런 하루는 자연스럽게 기쁨으로 가득해질 것이다.

하루의 새로운 발견이다. 하루는 힘이 세다.

그냥 내주고 느끼는 마음

조건이나 거래의 대상이 된 지 오래인 무늬뿐인 사랑 속에 진짜 사랑이 '고플' 때가 있다. 불신과 비난, 증오와 원망으로 버무려진 현실의 삶에 '진짜 사랑'의 마음 한 조각이라도 있다면 삶이 훨씬 가벼워지고 즐거워질 거라는 생각을 해본다.

'사랑은 힘이 세다'고 느껴지는 요즘 만나는 누구라도 기꺼이 사랑 한 움큼이라도 내주고 싶은 마음이 가득하다. 이것도 사랑의 고백일까.

어떤 사랑이든 때묻지 않은 그 순수의 세계로 들어가 보면 '그냥 느끼고 내주는 마음'이라는 것을 느끼게 된다. 부모님의 내리사랑이 그러하고, 희미한 과거 어느 날 벼락같이 다가온 마치터널 소녀의 마음도 그러했던 것 같다.

기꺼이 바보가 되고 싶은 그 마음이 바로 사랑으로 가는 비밀 통로임이 새삼 다가온다. 생을 마칠 때 가장 아쉽게 느껴지는 게 바로 진정으로 사랑해 보지 못한 것이라는 누군가의 이야기가 절절히 와닿는 날이다.

그 마음으로 사랑하면서 살아가야겠다.

삶은 서로를 비추고 서로를 먹여주는 것

자원봉사를 함께 하는 사람들과 칠흑 같은 어둠을 뚫고 태백산에 다녀온 적이 있다.

산에 오르며 착용한 헤드랜턴이 나를 위한 게 아니라 앞에 가는 동행자의 길을 비춰주는 것임을 깨달았다. 아하, 이렇게 서로를 비춰주며 걷는 거구나.

지옥에선 긴 젓가락으로 자신이 먹을 생각만 하니 늘 굶주리고, 천당이나 극락에선 서로를 먹여주니 누구나 다 배불리 먹을 수 있다는 이야기가 떠오른다.

우리의 삶도 공동체에도 그런 이치가 물 흐르듯이 작동한다면 얼마나 좋을까.

누군가의 발길을 비춰주어서 그랬을까. 금방이라도 쏟아져 내릴듯한, 잊고 살았던 밤하늘의 별들이 어릴 적 그대로 빛나고 있음을 마음 따뜻하게 확인하는 순간 작은 희열이 몰려왔다. 그리고 어둠 속을 함께 걸어가는 것이야말로 진정 우정과 사랑의 증표임을 확인했다.

벌써 추억이 되어버린 그 순간이 짙은 그리움으로 남아있다.

버려야 얻는다.

12월 어느 날이었다.
'지상 난제'였던 오랜 시간 묵혀 둔 책 정리를 한 적이 있다.

군부대에 보낼 명분을 핑계 삼아 시작한 작업이었지만 먼지만 듬뿍 뒤집어쓴 채 외로이 꽂혀있던 책들엔 어쩌면 해방의 날이 되었을지도 모르겠다. 나뒹구는 책들을 바라보노라니 살아온 지난 삶이 그대로 오버랩되었다. 무엇보다 텅 빈 책꽂이가 선사하는 '여백미'에 마음이 개운해졌다.

비우고 버려야 그 공간에 복이 들어오고 복이 머물게 된다고 한다. 나의 마음도 그동안 채우려 애썼다면 이제 내려놓고 버리고 비우는 시간을 가져보면 어떨까. 그래야 비워진 마음 한구석에 사랑도 나눔도 이해와 배려심도 놀러 올 것이니까. 왜 인디언의 한 부족이 12월을 '무소유의 달'로 했는지 살짝 이해되는 순간이다.

기꺼이 버리고 비울 때 자유와 행복을 얻을 수 있다는 것, 그것을 알고 자기 삶에 온전하게 받아들일 때 지혜로운 삶이 열릴 것이다. 그런 면에서 '비우고 나누는 삶'은 '자유와 행복'의 원천이 될지니.

뿌리를 깊이 내린다는 것

참, 민들레와 냉이의 뿌리가 깊다는 것 아셨나요?

얼추 알고 있었지만 언젠가 설 무렵 고향 집 텃밭에서 누나들과 봄나물을 캐다가 다시 새롭게 발견한 것이다. 이들이 겨울에도 싹을 내밀고 혹한을 견디는 이유가 거기에 있는 것 같다. 뿌리를 깊이 내린다는 것, 그 깊은 뜻이 그대로 거기에 있었다.

훈민정음 용비어천가의 한 구절이 더 다가오는 이유이다.

'뿌리 깊은 나무는 아무리 센 바람에도 흔들리지 아니하므로 꽃 좋고 열매도 많이 맺으니'

바람 한 줄기에도 쉽게 흔들리는 삶 속에서 뿌리 깊은 삶을 생각한다. 그런데 냉이 중에서 뿌리를 더 깊이 내리는 것이 참냉이라고 한다. 참삶도 그러하리라.

어리석지만 우직한 사람들이 있다.

어리석은 자의 우직함이 세상을 조금씩 바꿔 간다.
현명한 사람은 자기를 세상에 잘 맞추는 사람이지만
어리석은 사람은 그야말로 어리석게도
세상을 자기에게 맞추려고 하는 사람이라고 했다.

그러나 역설적으로 세상은
이런 어리석은 사람들의 우직함으로 인하여
조금씩 나은 것으로 변화해 간다는 사실을
잊지 말아야 한다고 생각한다.
우직한 어리석음, 그것이
곧 지혜와 현명함의 바탕이고 내용이다.

삶의 스승 중의 한 사람인 쇠귀 신영복 선생은
이렇게 이야기했다.

우공이산愚公移山이 말하는 것도 그것일 것이다.
얄팍한 잇속으로 세상을 살아가는 사람이 많지만
때로는 세상에 영합하기보다는
자신만의 소신과 철학을 가지고
삶의 길을 뚜벅뚜벅 걸어가는 사람들도 있으니까.

어리석지만 우직한 그 사람들 속에서 나를 찾아본다.
저기 보인다.

나만의 향기로 살아간다.

어느 숲속에서 살던 사향노루麝鹿가 코끝으로
와닿는 은은한 향기에 이끌려 어느 날 길을 나섰다.

험준한 산을 넘어 비바람이 몰아쳐도 사향노루는 향기의 유혹에 발걸음
을 계속했지만, 향기의 정체를 찾을 수가 없었다. 하루는 깎아지른 듯한
절벽에 도착했고, 여전히 코끝을 맴도는 향기가 저 절벽 아래에서 시작
되는지도 모르겠다는 생각이 들었다.

한 치의 망설임도 없이 절벽을 내려가기 시작했고, 그러다가 한쪽 발을
헛딛어 절벽 아래로 떨어지고 말았다. 사향노루가 쓰러진 그 자리에서
오래도록 은은한 향기가 허공을 감돌고 있었다.

사향노루는 죽는 순간까지도 그 향기의 정체가 바로 자신이라는 것을
모른 채 죽어간 것이다.

그윽하고 은은한 향기를 가진 데다가 한약재의 원료로도 유용한 탓에
무분별한 남획으로 사향노루는 멸종위기종으로 지정되어 있다. 국내에
도 겨우 50마리 남짓 살아있는 것으로 추정되고 있어 참으로 안타깝다.

야부선사冶父禪師가 말했다지.

有麝自然香, 何必當風立.
유사자연향　　하필당풍립

사향노루는 자연스레 향기가 나는 것이니
어찌 바람을 맞아 서 있을 필요가 있겠는가?

순간 사향노루처럼 우리가 모두 저마다의 은은한 향기의 주인공이라는
생각이 들었다. 그러니 향기를 찾아 밖으로 쏘다닐 이유가 없을 것이다.

큰 나무 밑에는 저절로 사람이 모이는 법이니 나만의 은은한 향기로
살아간다면 억지로 사람을 불러 모으지 않아도 되리라.

어른들은
숫자를 좋아한다

쾌락적응을 넘어

'쾌락적응'이라는 말이 있다.

우리가 꿈꾸는 세속적 욕망, 즉 쾌락이라는 것들은 그 효용이 짧아서 거기에 금방 적응해 버린다는 것이다. 그러다 보니 다시 더 큰 욕망을 찾아 나설 수밖에 없게 되고 그 끝이 보이지 않게 된다. 그래서 만족의 삶은 요원해지고 불만의 삶을 살다가 끝내 생을 마감하게 될 수도 있다.

매슬로우 욕구 5단계로 이야기하면 1, 2단계에 계속 머물며 쾌락적응 속에서 욕망의 울타리를 벗어나지 못하는 경우라 할 수 있다.

그러니 우리네 삶의 목표를 세속적 욕망이 아니라 자아실현이나 더불어 살아가는 삶의 가치로 레벨업시킬 필요가 있다. 거기에서 진정한 삶의 기쁨과 자유, 행복감이 나올 테니까.

그런 면에서 우리가 꿈꾸는 좋은 삶이나 행복이 조건이나 상황의 산물이 아니라 삶의 의미와 가치에 있고, 이를 향한 꾸준한 땀방울에서 나오는 것임을 새삼 확인한다.

추락 대신 연착륙을 향하여

우리 시대 스타 연예인들이나 잘 알려진 사람들이 이런저런 이유로 세상을 저버리는 경우가 왕왕 있다. 안타까움과 함께 왜 그런 선택을 하게 되었을까 생각해 보곤 한다.

주목받는 존재, 인정받는 존재로 살다가 내가 원하는 대로 되지 않거나 어려운 일이 생기거나 혹여 지금의 그 인기나 명성이 사라질까 봐 느껴지는 두려움과 불안감, 그리고 상실감이 크게 다가와서일 것이다.

하지만 산에 올랐으면 내려가야 하고 산이 깊으면 골도 깊은 법, 이 세상에 그 누구도 이 삶의 이치에서 벗어날 수 없다는 작은 진실을 인정하고 직면해야 한다.

그러니 인기 폭발의 첫 번째 앨범에만 매몰되지 말고, 존재감이 떨어지고 관심 밖으로 밀려나는 두 번째, 세 번째 앨범이 기다리고 있음을 생각해야 한다.

그 무엇도 영원할 수 없음을 알 때 우리는 추락이 아닌 연착륙의 삶을 살아갈 수 있다. 그러니 언젠가는 아니 생각보다 빨리 내려올 수 있고, 내가 원하지 않은 어떤 삶도 내 앞에서 일어날 수 있다는 것을 헤아려야 한다.

쉽지 않겠지만 정상에 있을 때 그 마음의 준비를 해야 한다.

나는 나다.

102

뜬금없는 말이 될지 모르겠다. 거울을 보는데 그 안에서 '너는 누구냐'고 묻는다. 너무나 낯선 사람의 고정된 시선에 어찌할 바 몰라 한다. 내 눈앞에 보이는 저 사람이 '나 맞을까?' 생각해 보니 선뜻 대답을 못 하겠다.

누군가 이야기했다. 하늘은 모든 생명에게 제 본연의 모습을 고이 잡아 담아 이 세상에 오도록 했고, 좋은 삶이란 그 접혀 담겨 있는 자신을 활짝 피워내는 것이라고. 결국 '나다움'을 누리는 삶이 좋은 삶이라고 나름의 결론을 짓는다.

장미를 많은 사람들이 좋아한다고 해서 장미가 되려는 제비꽃이 있을리 없고, 수선화가 되기 위해 애쓰는 구절초가 없듯이 나는 그대로 나라는 것을 다시 깨닫는다.

나는 그 누구도 아닌 나일 뿐이니까.

Believe
in
yourself

괜찮으세요?(Are you ok?)

103

사람들이 가까운 사람이나 친구들에게
가끔 안부를 주고받으며 사는지 궁금할 때가 있다.
내 살기에도 바쁜 데 그럴 여유를 가지기 쉽지 않지만.

하지만 관심을 가지고 안부를 묻는 것만으로도
누군가에겐 큰 힘이 된다.
호주에서 10여 년 전부터 시작된
R U OK? (Are you ok?)운동으로 자살률이 많이 낮아졌다고 한다.
괜찮으세요? (Are you ok?)라고 물으면서
바로 지금 안부 전화를 해 보는 것이다.

처음엔 낯설게 느껴질 수 있다.
하지만 내 자신은 물론 나 이외의 존재를 위해
사랑의 존재로 살아가겠다는 비범한 선택을 한다면 가능할 것이다.
이 작은 변화가 행복한 삶과 세상을 향한
새로운 돌파구가 될 수 있음을 생각한다.
이내 전화번호를 누른다. 신호가 간다.

좋아한다

내가 먼저 주면 된다.

삶을 살아가다 보면 불가피하게 개인이든 조직이든 협상해야 할 때가 참 많다. 꼭 사업이 아니더라도 인생 자체가 크고 작은 협상의 산물이다.

그런데 협상에서 내가 많이 얻으려 하면 일이 성사가 안 되고, 그렇다고 양보하자니 그건 아닌 것 같아 어찌해야 할지 쉽지 않다.

어디선가 들은 이야기, 내가 더 얻되 상대가 자신이 51:49로 승리했다고 생각하게 하면 그것이 성공한 협상이라고. 그러니 줄 것은 과감하게 주고 내가 얻을 것을 챙기는 전략이 협상의 묘수라는 것이다.

여기에 이르니 내가 먼저 주는 것이 협상의 시작이고, 성공 협상으로 가는 길이라는 생각이 든다. give & take의 원리가 그대로 협상의 원리이자 성공적인 삶의 이치임을 확인한다.

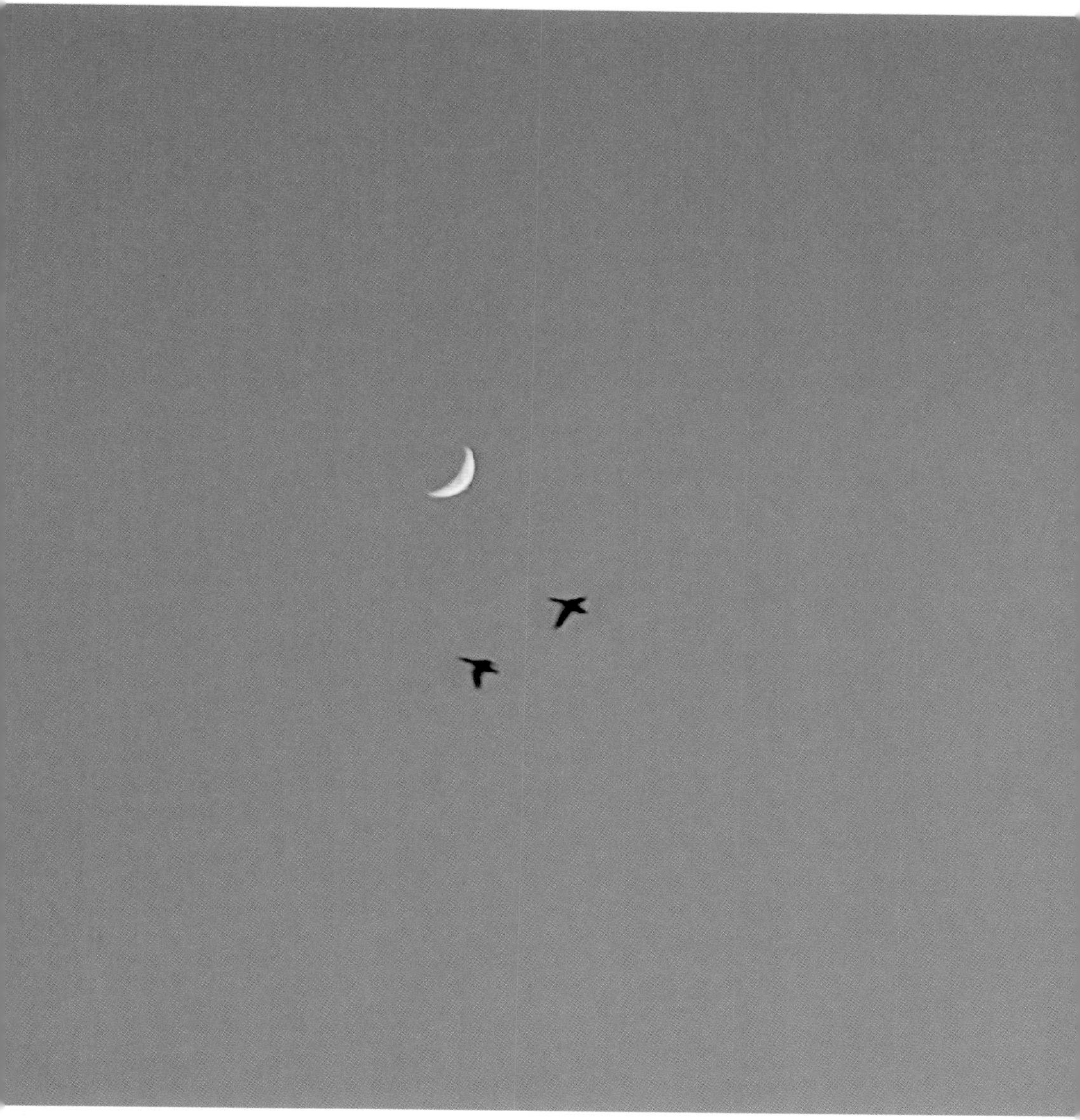

삶이 그대를 속일지라도

순간 푸시킨의 시구가 생각난다.

'삶이 그대를 속일지라도 결코 슬퍼하거나 노하지 말라.'

그런데 곰곰이 생각해 보니
내가 삶을 속인 적은 있어도,
삶이 나를 속인 적은 거의 없는 것 같다.
진정함을 어물쩍 피하며 살아온 세월이 60년도 넘었으니까.

아~ 찰나 같은 인생살이에
왜 이리도 진심의 삶을 내팽개치고 살고 있는지 참으로 알 수가 없다.
온전하지 않고는 어떤 일도 제대로 되는 일이 없다는 것,
송곳이 되어 폐부를 찌르는 이 한 구절이
나에게 얼마나 소중한 선물인지를 새기고 또 새긴다.

지금까지는 내가 삶을 속여왔지만
이후 삶이 나를 속일지라도 슬퍼하거나 노여워하지 않으리라.
슬픈 날을 참고 견디면 기쁜 날이 오리니!

넌 잘 살고 있어

그때가 언제였던가. 대개 휴일 밤늦게 월요편지를 마무리하는데 그날은 어찌나 잠이 몰려오던지 그대로 잠들었다가 월요일 첫새벽에 잠이 깼다. 간밤에 몇 개의 꿈이 지나간 듯한데 기억이 가물가물했다. 하지만 그중 선명한 꿈 하나가 지금까지 남아있다. 스승이자 오랜 동지인 법륜스님이 내 어깨를 토닥이는 장면 한 컷. 당신은 낮은 목소리로 속삭였다. 삶은 의미를 찾아가는 여정이 아니라 행복소풍이라고. 그러니 무엇보다 가볍고 신나게 살아가라고. 아~ 눈물이 났다. 먼발치서 서성이는 나를 응원하고 지켜주고 있었구나! 하는 생각이 들었다. 얼마나 기쁘고 고마웠는지. 지금도 그 꿈을 떠올리며 스스로에게 이따금 말한다. '넌 잘 살고 있단다. 그냥 그대로 즐기렴.'

세상이 들려준 이야기

한 시인은 중년이 되어야만 비로소 얻을 수 있는 것들을 이렇게 표현했다.

불지 않으면 바람이 아니고,
늙지 않으면 사람이 아니고,
가지 않으면 세월이 아니라고.

세상이 들려준 이야기가 부와 명예일지 몰라도 세월이 내게 물려준 유산
은 정직과 감사라고. 이것들에 격하게 공감하면서 지금 내 자신이 중년
의 끝자락에 있음을 여실히 깨닫는다.

그러면서 불면을 의식하고 이겨내려 하면 더 잠들기 어려운 것처럼, 문제
를 의식하고 풀려 하면 할수록 문제해결에 다가가기 어려운 세상의 이치
를 떠올린다.

그러니 여유로운 마음으로 한 발짝 떨어져서 지켜보고, 그대로를 인정하
고 나아가면 오히려 길이 열리는 특별한 경험을 맛보면 좋겠다.

사랑에 집착하는 바람에 진정 그 사랑에 다가가지 못한,
회한만 남은 먼 그 시절의 애달픈 기억이 스쳐 지나간다.

의식하지 않은 삶이 있다.

108

불현듯 느껴지는 것이 있다.

줄을 타는 곡예사가 줄을 타고 있음을 의식한다면, 수많은 사람 앞에 서서 연설하는 정치인이 사람들을 의식한다면, 아마도 제대로 하기가 어려울 것이다. 시험 문제를 푸는 학생이 좋은 성적을 의식하며 문제를 푸는 경우도 그러할 것이다.

추위와 더위를 의식하지 않는 것처럼, 우리가 삶 속에서 의식하지 않고 즐길 수만 있다면 아마도 전혀 다른 삶을 살 수 있을 것이다.

삶의 곤경도, 스트레스도, 그 무엇이든 내가 의식할 때 비로소 현실이 된다는 것, 이 한 구절 속에 정곡을 찌르는 삶의 지혜가 들어있음을 다시 확인한다.

강물이 흘러가듯 그대로를 느낄 뿐 의식하지 않는 삶, 고달픈 인생살이 에 힘들어하는 이 땅의 많은 사람들에게 전하는 작은 선물이다.

지금 무엇을 망설이는 걸까

만약 '너는 그림을 그릴 능력이 없어'라는 내면의 목소리가 들린다면 그때는 반드시 그림을 그려라. 그러면 그 목소리는 잠잠해질 것이다. 빈센트 반 고흐의 말이다.

정주영 회장의 '해 보긴 해봤어?'도 떠올린다.

인생은 '수많은 시도'라는 과정의 게임이다. 결과는 그 다음이다. 해보지 않았는데 지레 겁을 먹고 하지 않는 것은 '아무것도 하지 않겠다'고 다짐하는 것과 다를 게 없다.

더구나 그것이 내가 해보고 싶은 것이라면 더욱 그렇다. 생의 종착점에서 가장 많이 만나는 소녀(걸)가 '그거 한 번 해볼걸'이라는데 지금 우리는 무엇을 망설이는 걸까?

平床평상에서 平常心평상심을 생각하다

화폭에 혼신의 땀을 흘려온 이미경 작가의
『동전 하나로도 행복했던 구멍가게의 날들』에는 이런 구절이 있다.

내 그림엔 평상이 단골로 등장한다. 평상은 함께 앉는 것이다.
그리고 누구나 앉을 수 있는 자리다.
나눠 앉을 수도 있고 둘러앉을 수도 있고 누울 수도 있다.
또 사람이 많으면 많은 대로 적으면 적은 대로
유연하게 쓸 수 있는 자리다.
낯선 이들과 어우러져 앉아도 어색하지 않다.
평상은 나눔의 자리다.
가게 앞에는 평상이 하나씩 있다.

이미경 작가의 글을 보다가 떠오른 시가 하나 더 있다.
지하철 스크린도어에서 우연히 만난 강찬모 시인의
'평상심平床心'이다.

평상平床은 또 하나의 섬이고
집 속에 떠 있는 네모로 된 마당이며,
별을 담은 평상은
서로 강물이 되고 그리움이 되고
특별히 평상심을 찾지 않아도 된다고 했다.

두 글을 보니 평상은 그대로 우리의 일상에 평화와 행복을 주는
특별한 공간이다.
아니 일상이 탈 없이 편안하게 굴러갈 수 있도록 돕는 동반자다.
평상에서 평상심平常心이 뒹굴고 있으니까 말이다.
그것이 어쩌면 平床(평상)의 마음인지도 모르겠다.

오래전 고등학교 3학년 때 여름날,
고향 집 평상에서 낮잠을 자다가 들은 대입제도 변경에 대한
충격적인 뉴스는 제외하고⋯

이미경, 백운슈퍼 80×80cm 2025

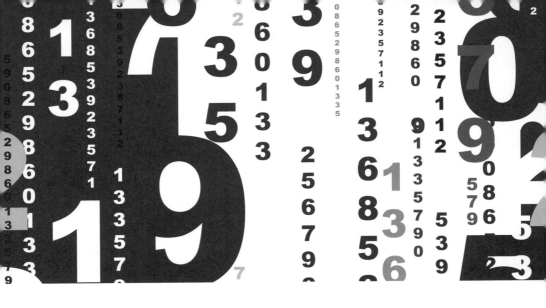

어른들은 숫자를 좋아한다

'왜 사람(어른)들은 그저 함께 있어서 즐거운 관계에는 정성을 쏟을 생각을 하지 않고, 소위 말하는 '비지니스 적 관계'에만 온 심혈을 기울이는 걸까?' 순수하게 서로의 생각, 감정을 공유하고자 하는 사람(어른)들은 이 사회 엔 거의 없기 때문이다. 어른이 되어버린 사람들은 이미 나에게 이익이 되는 사람, 그렇지 않은 사람, 이렇게 두 부류로 나뉘어 놓기 때문이다. 오래전 시어도어 젤딘의 '인생의 발견'을 읽다가 밑줄 그어놓은 부분이다.

생텍쥐페리의 『어린 왕자』엔 이런 글이 나온다.
어른들은 숫자를 좋아한다. 만약 어른들에게 새로 사귄 친구에 대해 말하면, 어른들은 가장 중요한 것에 대해서는 절대 묻지 않는다.
"그 애 목소리는 어떠니?", "그 앤 어떤 놀이를 좋아하니?"
"나비를 모으는 걸 좋아하니?" 이렇게 묻는 일이 절대 없다.

"그 애는 몇 살이지?", "형제는 몇이나 되니?",
"몸무게는 얼마야?", "그 애 아버지는 돈을 얼마나 벌지?"
고작 이런 것들을 묻는다.
그런 걸 알아야 그 친구에 대해 안다고 생각하는 것이다.

"장밋빛 벽돌로 지은 예쁜 집을 봤어요. 창가에는 제라늄 꽃이 있고,
지붕에는 비둘기가 있어요."
어른들에게 이렇게 말하면, 그 집이 어떤 집인지 상상하지도 못한다.

"10만 프랑짜리 집을 봤어요."
이렇게 말하면 어른들은 그제야 고개를 끄덕인다.
"정말 멋진 집이겠구나!"

그 어른들도 모두 한 때는 어린아이였다. 하지만 이를 기억하는 어른들
은 거의 없다. 숫자를 좋아하는 어른들은 기억력이 약하다.

지금 해야 할 것과 미루어야 할 것

"모두에게 이익이 되는 일이 있으면 즉각적으로 하고,
누군가에게는 피해가 될 수 있는 일은
가급적 시간을 끌면서 때를 기다리라."

왜냐하면 전자는 많이 할수록 좋은 것이기에 최우선으로 하고,
후자는 적게 혹은 가급적 안 할수록 좋은 것이기에
가급적 우선순위를 낮게 정하는 것이 무리가 없기 때문이다.

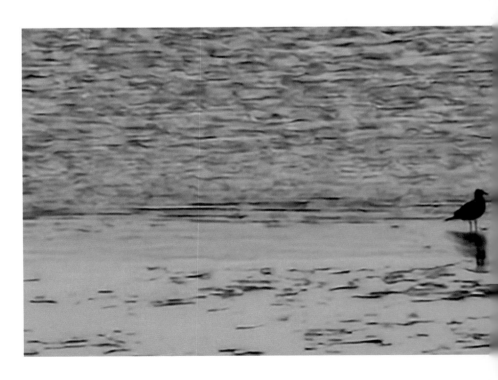

누군가를 칭찬하거나 격려할 일이 있으면
미루지 말고, 즉각적으로 하고,
누군가를 질책하거나 충고할 일이 있으면
가급적 시간을 미루며 때를 기다리라는 것!

내 삶을 돌아보면 잘 지켜지지 않았을 뿐 아니라
때로는 거꾸로 해왔다는 생각이 든다.

아무튼 이 원칙을 삶에 적용하면 다섯 번 칭찬과 격려를
하는 동안 질책과 충고는 한 번 정도 하면 될 것 같다.
그러면 자연스럽게 인간관계가 좋아지고 그만큼 삶이 행복해질 것이니.

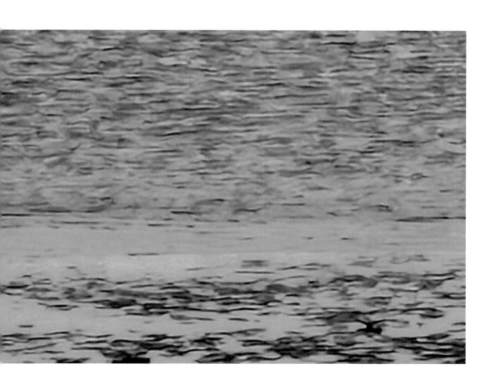

호모 사피엔스 사피엔스여!

적자생존이 절박한 시대에는
약육강식만이 최선의 삶이라고 생각했다. '호모 사피엔스'들은 뛰어난
지적 능력을 바탕으로 먹이사슬의 최강자가 됐다.

그런데 그들 중 소수의 인간은 밤하늘의 별을 보며 고민에 빠졌다.
"'나는 누구인가? 누가 저 달과 별을 밤하늘에 수놓았는가?
나는 태어나기 전에 어디에 있었는가? 나는 죽은 후에 어디로 가는가?'
그들은 생존과 전혀 상관없는 이런 질문들을 가슴에 품은 채 '어두운 숲속'
을 찾아 나섰다. 그리고 인간은 자신이 깨달은 것들을 동굴 벽에 그리기로
결심했다. 바로 이 순간, 인간은 '호모 사피엔스 사피엔스'로 도약했다."
배철현의 『위대한 인간의 여정』 중의 한 구절이다.

그들은 다른 사람들과 경쟁하지 않았다. 그들이 발견하고 극복해야 할
대상은 자기 자신이었다. 그들은 자기 내면의 소리에 귀 기울였다.

인간은 이 위대한 소수인 '호모 사피엔스 사피엔스'를 통해 약진했다.
그들은 자신들의 가치를 알고 자신들의 노래를 부른 사람들이었다.

하지만 그 '호모 사피엔스 사피엔스'들은 어디론가 사라지고 다시 적자
생존, 약육강식의 시대가 슬그머니 우리에게 왔다. 평화와 공존 대신
전쟁과 살육, 신자유주의적 각자도생의 세상이 되고 말았다.

사람의 세상, 상생의 삶에서 멀어져가고 있다. 이를 어찌해야 할까.

말벗을 넘어 발벗이 되어볼까?

수많은 인연 중에 진정한 친구가 몇이나 있을까.

살아가면서 이 한마디가 실감 나게 문득문득 다가올 때가 있다. 하나밖에 없는 구명조끼를 내어주는 친구까지는 아니더라도 '요즘 잘 지내니?' 하며 안부 전화 한 통이라도 해주는 친구가 있는지 살짝 돌아본다.

풍요 속에서는 친구들이 나를 알게 되고, 역경 속에서는 내가 친구를 알게 된다는데 나는 어떤가.

한양대 유영만 교수는 세상에서 가장 멋진 벗은 '발벗'이라고 했다. 그러고 보니 발 벗고 나서서 도와주는 벗, '발벗'이야말로 최고의 친구라는 생각이 든다. 말벗도 사라져가고 있는 마당에 그런 발벗 친구를 만날 수 있을까 의문이지만.

그런 친구를 기다리기 전에 내가 먼저 발벗이 되어야겠다고 다짐해본다. 그게 어려우면 말벗이라도.

적은 것으로도 충분한 것이 되는 삶

어느 휴일 오후에 피곤함에 잠깐 졸다가 책꽂이에서 발견한 책, 『장자에게 배우는 행복한 인생의 조건』을 펼쳐보았다. 신기하게도 평소 행복디자이너로서 나누었던 것들이 이 책에 그대로 들어있었다.

욕심 줄이기, 마음 비우기, 여유 갖기, 스스로 만족하기, 삶을 즐기기 등등

순간 '무소유'가 뇌리를 스쳐 지나갔다. 무소유란 소유하지 않음이 아니라 꼭 필요한 것만 가진다는 것, 지속 가능한 라이프 스타일인 '미니멀리즘'과도 일맥상통한다. 적게 소유하면 적게 벌어도 되고, 더 가지게 되는 행운이 오더라도 기꺼이 즐겁게 나눌 수 있으니 얼마나 멋진 삶인가.

지속 가능한 삶을 위해서라도 이제부터 많은 것이 아닌 적은 것으로도 '충분한 것'이 되는 삶을 지향할 때라는 생각을 한다.

메추라기가 산속에 둥지를 틀어도 가지 하나에 불과하고,
두더지가 강물을 탐해도 자기 배밖에 못 채운다.
_장자 소요유(逍遙游)

바람이 분다
살아야겠다

쿼렌시아 덕분이야

오래전 멋진 선배가 선물해 준 책, 『새는 날아가면서 뒤돌아보지 않는다』에서 '쿼렌시아'를 만났다. 쿼렌시아^{Querencia}는 투우장의 소가 숨을 고르며 쉬면서 다음을 준비하는 곳을 말한다. 회복의 장소이자, '인간 내면에 있는 성소'에 비유되는 곳이다.

세상의 위험으로부터 자신이 안전하다고 느끼는 곳, 힘들고 지쳤을 때 기운을 얻는 곳, 본연의 자기 자신에 가장 가까워지는 곳이 바로 쿼렌시아인 것이다.

문득 나만의 쿼렌시아는 어느 곳일지 생각해 본다. 아침마다 만나는 옥수동 산책길, 고가 밑의 다락 옥수, 자주 들르는 그 카페일 수도 있겠다.

어쩌면 지금 이렇게 살아 숨 쉬고 머무는 곳 모두가 나의 쿼렌시아일 것이다. 그 쿼렌시아를 생각하니 괜스레 마음이 편안해지고 든든해진다.

쿼렌시아야! 고맙다.

예찬하고 또 예찬하라.

문득 머언 학창 시절 국어 시간에 만났던 수필가 이양하 선생의
『신록예찬』의 한 구절이 떠오른다.

"나날이 푸르러 가는 이 산 저 산,
 나날이 새로운 경이를 가져오는 이 언덕 저 언덕,
 그리고 하늘을 달리고 녹음을 스쳐 오는 맑고 향기로운 바람…."

뜬금없이 예찬을 꺼내놓은 것은
앞으로 '예찬하는 삶'을 살기로 다짐했기 때문이다.
60이 훨씬 지난 삶을 살아오면서 나도 모르게 튀어나오는
불평이나 불만, 비난의 삶에서 탈출하고 싶었다.

프랑스 소설가 투르니에는 이야기했다.
예찬할 줄 모르는 사람은 비참한 사람이며,
그와는 친구가 되기 어렵다고.
우정은 예찬하는 가운데 생겨나기 때문이다.

그런데 이 '예찬의 삶'이 생각보다 그리 쉽지가 않다.
이 또한 습관의 결과인 데다가 마음을 열고
온전하게 다가가지 않으면 금방 나도 모르게
불평과 비난의 늪에 빠져버리기 때문이다.

마음을 열면 다른 것, 새로운 것이 보인다.
지금까지 보지 못했던 것이 보인다.

마음을 열고 온전하게 내 곁의
사람을 바라보고 세상을 그대로 느낄 때 바로 예찬이 일어난다.

우리 삶엔 예찬할 것이 너무나 많다.
신록예찬, 사람예찬은 물론 청춘예찬, 자연예찬, 생명예찬에
결국 행복예찬, 인생예찬으로 이어진다.

예찬은 끝없이 돌고 돌아 결국 나에게 회귀하는 마법같은 것이다.
함께 행복해지는 '행복의 선순환'의 원리가 녹아있는 것이다.

" 나 그대를 예찬했더니 그대는 백 배나 많은 것을 돌려주었다.
  고맙다, 나의 인생이여!"
  다시 트루니에의 말이다.

오늘 그대로 봄이고 싶다.

봄, 이성부 시인은 말했다.

기다리지 않아도 오고
기다림마저 잃었을 때도 너는 온다고.

다급한 사연 듣고 달려간 바람이 흔들어 깨우면
눈 비비며 너는 더디게 온다고.
더디게 더디게 마침내 올 것이 온다고…

정호승 시인의 봄 길은 또 어떠한가.

길이 끝나는 곳에서도 길이 있고,
길이 끝나는 곳에서도 길이 되는 사람이 있고,
스스로 봄길이 되어 끝없이 걸어가는 사람이 있다고.

기다리지 않아도 오고,
더디게 와도 좋은 게 봄이다.

다만 스스로 봄길이 되고,
스스로 사랑이 되어 걸어가는 사람이 되고 싶을 뿐….
오늘 그대로 봄이고 싶다.

땀의 정신, 농군의 마음

고향 텃밭에서 '땀이 있는 삶'을 느낄 때가 가끔 있다.
땀이 그리고 땅이 얼마나 정직한 것인지 온몸으로 다가올 때도 있고.

세상에 있는 듯하면서 없는 것 중의 으뜸이 '공짜'라고 한다.
땀과 흙이야말로 '공짜 없음'의 고갱이임을 그대로 확인한다.
작물은 농부의 발소리를 들으며 자란다고 하는데
그 걸음걸음에 얼마나 많은 농부의 땀이 배어있을까?

이런 땀을 평생 흘리며 살아오신 부모님을 생각하니
절로 고개가 숙여지며 존경심이 우러난다.
작물 한 포기도 허투루 대하지 않으며 묵묵하게 땅과 함께 살아온
그 삶에 '위대함'이라는 단어가 꼭 필요하다는 생각이 든다.

정직한 땀방울, 고통과 시간을 그대로 견디며 살아간다는 것,
인생의 참맛이 있다면 바로 이것일 거라 믿는다.
땀의 정신, 농군의 마음이야말로
진짜 인생길의 동반자여야 하지 않을까.
특히 이 땅의 리더들이 꼭 마음 깊이 새겨야 할 덕목이 아닐는지.

회색이 눈에 들어왔다.

하늘이 잿빛으로 흐리거나 비가 내리는 날이면 마음이 차분해지고 문득
문득 그리운 사람들이 떠오른다.
그리움이란 그냥 그렇게 흘러가는 강물처럼, 불어오는 바람처럼 자연스
러운 것이라는 생각을 한다. 살아가면서 추억 한 움큼, 그리움 한 조각
없다면 무슨 재미가 있겠냐고 스스로에게 자문도 해본다.

그리움은 자연스럽게 회색빛과 어울린다. 아련하고 아득하고, 가물가물
해서 그런가보다.

우리 사회가 오랜 시간 동안 양자택일, 흑백논리의 터널 속에 있다 보니
회색이 설 자리가 거의 없었음도 아프게 기억한다. 그러다 보니 완충지
대가 존재하기 어려웠고 이에 따라 갈등이 깊어지면서 역지사지의 삶은
먼 나라 이야기가 되어버렸다.

하지만 지구상의 수십억 사람들이 각인각색의 모습과 생각으로 살아가
기에 서로를 인정하고 함께하는 것은 숨을 쉬는 것만큼이나 자연스럽고
일상적인 일이 아닐까 싶다.

지난날 회색을 싫어하던 시절이 있었지만 이제 회색도 인정하며 살고
싶다. 회색 예찬까지는 아니지만.

첫눈을 통해 배운다.

첫눈이 왔다. 풋사랑 같은 첫눈이 왔다.

초대하지 않은 '화려한 손님'이 이렇게 기별도 없이 들이닥치니 내가 할 수 있는 것은 물끄러미 바라보는 것밖에 없다.

어찌할지 모르고 쩔쩔매는 내 모습을 숨긴 채 순간 인생을 떠올렸다. 불현듯 찾아온 사랑, 로또복권 당첨 같은 횡재 등 예기치 않았던 엄청나게 좋은 일들이 오더라도 내 자신이 할 수 있는 일이 별로 없는 경우도 적지 않다.

스스로 땀 흘려 얻은 것이 아니면 거품이나 흘러가는 바람과 다를게 없겠구나 하는 생각도 들었다. 이렇게 첫눈은 나에게 인생의 귀한 가르침을 주고, 불꽃 튀는 격한 사랑이 한 차례 밀려왔다 가듯이 흔적도 없이 녹아 사라졌다.

어쨌거나 첫눈이 선물처럼 다가왔으니 서설瑞雪임엔 틀림이 없으렷다.

마음에 그리지 않는 법

인생을 걸어가는 과정에서 만나는 것, 내가 창조할 수 있는 것이 운명이요, 나의 의지와 관계없이 생명에 깃들여진 조건이 숙명이라는 말이 있다.

그러기에 어찌할 수 없는 숙명이 있다고 해도 내가 스스로 노력하여 운명을 만들어가면 내가 원하는 삶, 힘 있는 삶을 살아갈 수 있을 것이다.

그런데 운명과 숙명을 자신이 다스리려면 삶의 과정이나 관계에서 생기는 수많은 감정과 생각들을 '마음에 그리지 않아야' 한다. 이렇게 마음에 그리지 않는 법을 배우는 것이 지혜라고 한다.

마음에 그리지 않고, 걸림이 없는 바람처럼 연연해하지 않는다면 온전히 자유가 나의 것이 될 거라 믿는다. 바로 그런 삶을 꿈꾸며 정진해 나가야겠다.

오늘을 살아갈 뿐

'네가 헛되게 보낸 오늘은 어제 죽은 이가 그토록 갈망했던 내일이다.' 그리스 3대 비극 작가 중의 하나인 소포클레스가 이야기했다.

'오늘이라는 날은 어제 죽은 사람이 그렇게도 살고 싶었던 하루'라고 미국의 시인 에머슨이 엇비슷하게 한마디 했다.

그러고 보니 어제는 지나간 오늘일 뿐이고 내일은 아직 오지 않은 오늘일 뿐이다. 어찌하든 그 누구도 오늘을 살아간다. 어제를 산 사람도 없고 내일을 산 사람도 없다. 오로지 오늘뿐이다.

거기에 오늘은 내 생애에 남은 날 가운데 언제나 첫날이니 하루하루가 새날이다. 하루하루의 새날 앞에 우리 또한 새사람이다. 나태주 시인의 이야기다.

지난 한 주 동안 보낸 일곱 개의 '오늘'을 돌아본다. 그냥 헛되이 보낸 '오늘'도 있었고, 참 '잘 살았다'는 느낌을 준 '오늘'도 있었다.

인생이란 거창한 것 같지만 결국 수많은 '오늘'의 쌓임인 것이고, '오늘'을 어떻게 살아가느냐가 내 인생의 질과 가치를 결정한다. '오늘'의 무게와 의미가 새롭게 다가오는 이유이다.

바로 그 '오늘'에 깨어있는 삶을 살지 않으면 바보이거나 살아있지 않은 사람?

행복이 올지 불행이 올지

작가 이외수 선생은 불행은 행복이라는 나무 밑에 드리워져 있는 그늘이며 인간이 불행한 이유는 '그 그늘까지 나무로 생각하지 않기 때문'이라고 했다.

결국 우리네 삶은 행복과 불행이 같은 만큼 뒤엉킨 실타래 또는 공이라는 생각이 든다. 그러니 행복 앞에 교만하지 말고 불행 앞에 좌절하지 않아도 될 것 같다. 곧 불행이 올 수도, 행복이 올 수도 있으니까.

톰 행크스 주연의 영화 포레스트 검프의 대사가 떠오른다.
"인생은 초콜릿 상자와 같은 거란다.
열기 전까지는 뭘 집을지 알 수 없어."

그렇다. 어쩌면 그 상자에 행복초콜릿과 불행초콜릿이 뒤섞여 있을 게다. 상자를 열고 내가 뭘 꺼낼지는 알 수가 없다. 다만 내 삶을, 최선을 다해 살아갈 뿐….

돌아봄이 있는 삶

돌아본다는 것은 무엇일까?

한 시인은 말한다. 돌아본다는 것은
"내 속의 객관적인 내가 하염없이 먼저 걸어가
걸어오는 나를 만나는 일이다."

돌아본다는 것은 지극히 조심스럽게 살피는 일이며 더 멀리 더 깊게
보는 일이다. 그런 면에서 지나간 어떤 일을 되풀이하여 음미하거나 생
각해 보는 반추反芻, 자기의 마음을 반성하고 살피는 성찰省察도 그 안에
있을 것이다.

삶을 산다는 것은,
사람답게 산다는 것은 자신의 삶을 돌아보고,
성찰하고 반추하며 살아간다는 것,
일상에 깨어있는 마음으로 맑은 정신으로 살아가는 것일게다.

앞만 보고 달려온 삶,
돌아보고 성찰하는 삶은 자신에게 지혜와 힘을 줄거라 믿는다.

성찰의 부재 시대!
이즈음이야말로 오히려 '돌아보기에 딱 좋은 때',
'돌아봄으로 인해 새로운 나를 만나고 새로운 삶을 살기에 참 좋은 때'라는
생각이 든다. 돌아봄도 성찰도 나에게 힘을 주니까.

바람이 분다. 살아야겠다.

세상은 걷잡을 수 없이 변화해 나가고
마음을 불편하게 하는 일들이 끝없이 일어나니
몸도 마음도 편치 않은 사람들이 참 많다.
무엇하나 내 마음처럼 되지 않는 게 세상살이임을 절감한다.

문득 프랑스 시인 폴 발레리의 시 한 구절을 떠오른다.
'바람이 분다. 살아야겠다'

그것 하나만으로 삶의 의욕이 새롭게 살아난다.
이렇듯 돌아보면 살아야 할 이유는 셀 수 없이 많다.

햇살이 따뜻하다 살아야겠다.
봄꽃이 움튼다. 살아야겠다.
만날 친구가 있다 진짜 살아야겠다….

미국의 만화작가인 더그 라슨이 말했다지.
봄이란, 설사 눈 녹은 진탕 물에 발이 빠졌다 하더라도,
휘파람을 불고 싶은 때이다.

살아야 할 이유를 하나 더 추가한다.
휘파람을 불고 싶었다 살아야겠다.

바람이 분다. 살아야겠다

채현국 선생의 가르침

몇 해 전 '시대의 어른' 풍운아 채현국 선생이 지구별 소풍을 마쳤다.

선생은 말씀하셨다.
세상의 모든 '옳은 소리'에는 반드시 오류가 있으니
나만 옳다는 것을 경계하고,
세상의 어떤 것도 나 혼자 이룬 것은 없으니 나누는 것은 당연하다고.

고난과 문제가 삶을 풍부하게 하고 성숙시키니
'쓴맛이 사는 맛이고 사람 사는 맛'이라며
모든 순간 삶의 관성에 물들기를 거부했던
영원한 자유인을 생각한다.

나이를 훈장처럼 여기며 안하무인인 사람들을 향해
'노인들이 저 모양이란 걸 잘 봐두라'며 일갈하고,
'세상이 절망적일수록 찰랑찰랑 신나야 한다'던
그 어른의 부재에 마음이 휑해 온다.

'삶이란 끊임없이 묻고 배우고 깨우치는 과정이다.
확실하게 아는 것도 고정관념이다.
세상에 정답이란 건 없다.
한 가지 문제에 수없이 많은 해답이 있을 뿐.'

모든 순간을 껴안는 것

박완서 선생은 '기적은 하늘을 날거나 바다 위를 걷는 것이 아니라 땅에서 걸어 다니는 것'이라 했다.

나는 어디를 가나 인생에 과제가 하나 있다면 '행복하게 사는 것'이라고 이야기한다. 아르헨티나 소설가 호르헤 루이스 보르헤스도 가장 큰 죄는 행복하게 살지 않은 것이라고 했다.

행복은 그 무엇도 아닌 '모든 순간을 껴안는 것'이다. 그러기에 기쁨은 껴안으면서도 슬픔은 그렇지 않은 우리가 행복과 멀리 있었던 것은 아닌지.

또한 한 시인은 성공과 실패를 묻지 않고, 다만 사랑하는가 사랑하지 않는가를 묻는다고 했다. '진실하기'가 바로 진짜 삶의 고갱이임을 새긴다.

다른 사람들이 기대하는 것보다 더 많이, 그리고 진심으로 기뻐하여 주라. 자신이 좋아하는 시를 외우라. 들리는 것을 모두 믿지 말라. 때로 자신이 갖고 있는 모든 것을 써버려라. 아니면 실컷 잠을 자라.
(행운을 가져다주는 네팔 탄트라 토템의 시)

서恕와 감感과 동행하는 삶

"누구를 한 번씩 용서할 때마다 싱싱한 잎사귀가 돋아난다."
(이해인 시)

서恕를 생각난다. 즉 용서恕는 상대와 같은 마음이 되는 것이다. 그래야 누군가에 끌려가는 삶이 아니라 내가 이끌어가는 주도적인 삶이 된다. 용서받을 그 사람과 같은如 마음心이 되어 조금 더 이해하고 너그럽게 살아가면 어찌 평안과 행복이 오지 않겠는가.

거기에 마음을 함께 하는 感감을 덧붙인다. 사람이든 사물이나 현상이든 거기에 마음心을 함께感 할 때 감동이 일어나는 법이다.

서恕와 감感과 동행하는 삶, 얼마나 든든하고 편안할까?

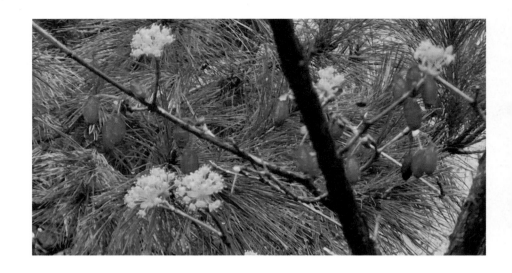

붉은 산수유에 아버지가 생각난다.

한 시인은 말한다.
어두운 방 안엔 바알간 숯불이 피고,
외로이 늙으신 할머니가 애처로이 잦아드는
어린 목숨을 지키고 있을 때,
아버지가 눈을 헤치고 따 오신 약이 붉은 산수유 열매라고.

봄을 알리는 전령사 중의 하나인 노오란 산수유!
매화, 개나리, 진달래 등에 치어 존재감이 그리 크지 않지만,
흰 눈 속의 붉은 산수유 열매를 보고 있노라면
산수유는 오히려 겨울이 제때라는 생각이 든다.
아니 혹한의 그 붉은 힘으로 견뎌
봄의 노오란 꽃을 피우는지도 모른다.

문득 몇 해 전 돌아가신
아버지의 굽은 손가락이 떠올랐다.

인고의 세월이 담긴 거친 손,
한겨울의 붉은 산수유와 같았던 그 모습이….

아버지의 진정한 때는 언제였을까?

게으름에 대한
찬양이라니

참다운 삶의 실천

어느 해 겨울의 입구,
남도 가족여행을 갔다가
첫 도착지인 화엄사 경내에서
불견不見, 불문不聞, 불언不言의 가르침을 만났다.

남의 잘못이나 행동을 보는 대신 나의 삶을 살피고不見,
비방이나 칭찬의 소리에도 평정심을 잃지 않으며不聞,
험한 말이나 악담은 끝내 내게 돌아오는 것이니
항상 옳은 말을 익혀야 한다不言.

눈과 귀, 입을 조심하며
지금 내가 보는 것과 듣는 것,
그리고 말하는 것에 깨어있는 삶이
진정 참다운 삶임을 확인한다.

남의 그릇된 헛소문을 귀耳로 듣지 말 것이며
남의 허물어진 모습을 눈目으로 보지 말 것이며
남의 잘못을 험담으로 입口에 담지 말 것이며
남의 곪아진 상처를 코鼻로 냄새 맡지 말 것이며
남의 나쁜 버릇을 손手으로 고치려 하지 말 것이며
남의 자그마한 실수를 마음心으로 즐기지 말지어다.

그러니 말보다 실천이다.

부모주간을 경험해보면

계속하지는 못했지만 오래전 '부모 주간'을 정하여 한 주 정도 부모님과 함께하는 시간을 가진 적이 있었다.

우리는 고향에 갔다가 부모와 겨우 하루나 이틀 정도 머물다 오는 경우가 대부분이다. 사랑이 내리사랑이어서 그런지도 모르지만. 그러지 말고, 한 주 정도 부모와 함께 해보자는 것이다.

그랬을 때 아마 부모는 부모대로 '고마움과 즐거움, 당신이 잘살았음'을 느끼며 좋아할 것이다. 자식은 자식대로 진정 부모의 삶에 대한 이해와 사랑에 대해 새로운 눈을 뜰 수 있을 것이다. 무엇보다 부모님이 언제까지 살아계실지 모를 일이기에 더욱 그렇다.

이렇듯 부모주간처럼 행복주간, 힐링주간, 여행주간, 응원주간을 정해 가족들과, 때로는 자신 스스로에게 선물을 해 보면 어떨까.

바빠서, 시간이 없어서, 그럴 상황이 안되어서 등의 이유와 핑계를 내던지고 삶에서 소중한 것들을 느끼고 누리는 시간을 가져보자. 일단 해보면 '하길 잘했구나' 하는 생각이 절로 들 거라고 확신한다.

찔레꽃에는 왜 가시가 있을까?

고향 마을 들판 끝 숲속 어딘가에서 뻐꾸기가 울 때 보릿고개 언덕에 피던 그 꽃이 생각난다. 고향 집 뒤뜰 언덕에 하얗게 피어날 때면 고향 아우가 사진을 찍어 보내주곤 했던 찔레꽃이다.

시대의 아픔을 그대로 간직한 우리의 누이들 같은 찔레꽃을 떠올리니 소리꾼 장사익 선생이 '찔레꽃 향기가 너무 슬퍼서 목 놓아 울었다'고 노래한 애달픈 사연을 알 것도 같다.

그런데 찔레꽃도 장미도 가시가 있다. 수수하든 화려하든 아름다움을 얻으려면 '가시의 아픔'을 견뎌내야 하나 보다. 이렇듯 행복해지기 위해서는 가끔 위험을 감수할 필요가 있고, 그러다가 상처를 입을 수도 있다는 것은 진실에 가깝다.

그러다 문득 이런 생각이 들었다. 찔레꽃이나 장미의 가시는 어쩌면 그들다움의 증표가 아닐까 하고.

이 세상을 살아가는 모든 이들이 그들의 가시처럼 삶을 꿰뚫는 자신만의 송곳, 자신만의 무기를 가지고 살아가면 좋겠다. 그로 인해 자신다움이 더욱 살아날 것이기 때문이다.

8그루의 나무를 관찰해보니

딸아이의 제안으로 작년 1년 가까이 아침 산책을 하며 집 근처 8그루의 나무를 관찰한 적이 있다. 언뜻 보면 변화가 잘 느껴지지 않았지만, 시간이 지나 4계절의 사진을 쭈욱 살펴보니 그 변화가 파노라마처럼 한눈에 들어왔다. 신기하고 놀라웠다.

그 나무들을 바라보며 나도 모르게 마음이 따뜻해졌다. 그래서 8개의 나무마다 의미를 부여하기로 했다. 내 나름대로 정한 삶의 난관을 헤쳐 나가는 8개의 인생 비밀이 그것이다. 감사와 겸손, 용서와 살핌, 나눔과 배려, 내려놓음과 웃음….

이 중 하나라도 기꺼이 즐겁게 삶에 녹여낸다면 삶이 훨씬 편안해지고 자유로워질 거라는 생각이 들었다.

가끔 산책길에서 그들을 만날 때마다 그 인생 비밀을 떠올린다. 올해에는 다른 나무들을 관찰하고 있다. 설레는 마음이 한가득이다.

이렇듯 삶은 사소한 것(곳)에 행복을 숨겨두고 있다.

불행중 다행이었지만

얼마 전 고향에 다녀오다가 친구를 만나러 가는 도중 졸음운전으로
사고가 났다. 천만다행으로 큰 사고로 이어지진 않았고 타이어 수리로
마무리되긴 했지만 아찔한 순간이었다.

때론 졸음을 참으며 운전하곤 했던 습관의 산물이라는 생각이 들어 때
늦은 성찰과 반성을 했다. 어떤 경우에도 몸이 너무 피곤하거나 졸음이
올 때는 반드시 휴식을 취하겠다는 굳은 다짐도 했다.

나 하나의 잘못된 습관으로 인해 나는 물론이고 누군가의 생명과 재산
에 위해를 가할 수 있다는 것을 생각하니 진땀이 났다. 그 이후 일상에
서 나도 모르게 무심코 해왔던 나쁜 습관들은 없는지 살펴보게 되었다.

다시 새로운 삶을 살아간다는 마음으로 오늘도 인생길을 걷고 있다.
일상에 깨어있는 마음으로 잘 살피며….

삶은 일상 속의 무엇이다.

맑고 청명한 날씨가 이어지면서 아침 산책할 때 눈부신 일출을 만나는 경우가 많아졌다. 매일 떠오르는 해이지만 감성의 촉수를 살짝 세워보면 다른 느낌, 새로운 느낌으로 다가올 때가 있다.

얼마 전 아침엔 옥수동 달맞이 공원에서 정말이지 아주 빨간 태양을 만났다. Red Eye라고 불러도 좋을 만큼 환상적인 붉은 빛의 태양이었다.

약간의 안개와 시간이 만들어낸 장관이었다.

귀차니즘을 넘어서는 작은 습관의 선물 같았고, 뜻밖의 행운을 얻은 것 같아 괜히 기분이 좋아졌다. 그러고 보니 일상에 이런 '뜻밖의 즐거움'을 경험하는 삶도 괜찮다.

삶은 늘 이렇게 일상 속의 무엇이다.

미국의 정치가 로이 M.굿맨이 이야기했던가.
"행복은 일상의 여정이지, 목적지가 아니라는 점을 기억하라."

모순의 힘

어느 날 우연히 떠오른 단어가 하나 있었다. 바로 모순(矛盾)이다. 말 그대로 최고의 창과 최고의 방패가 만났을 때 어찌 될까, 한마디로 말이 안 되는 이야기이다.

그런데 말이다. 우리네 삶은 합리적이고 논리적인 결과를 원하지만, 자세히 들여다보면 모순덩어리이다.

괴테가 말했다. 우리의 삶에는 종종 모순이 필요하다고. 정말이지 말이 안 되는, 모순 같은 비합리적인 일들이 많이 일어나지만, 그것으로 인해 다른 생각을 하게 되고, 새로운 것들이 태어나기도 하니까. 그래서 모순은 우리를 기분 좋게 하는 특별한 힘이 있다는 말에 절로 고개를 끄덕거린다.

일상에서 모순 같은 일이 삶을 불편하게 한다면 지금이라도 다른 각도에서 들여다보라. 뭔가 다른, 새로운 지혜나 창의적인 해법이 나올 테니.

게으름에 대한 찬양이라니

몇 해 전 어느 가을날 내 눈에 들어온 책이 하나 있었다.

버트란트 러셀의 '게으름에 대한 찬양'이다. 많은 사람들을 소생을 부지런쟁이로만 알고 있지만 때때론 게으름이 가득한 내 삶의 철학과 너무 닮아 순간 찡했다.

전우익 선생이 말했다.
"우리는 '죽도록 일하고, 죽도록 먹고, 죽도록 버리는 삶'을 살고 있는데, 이렇게 사는 인간들에게 필요한 것이 오직 단 한 가지, '아무것도 하지 않는 것'"이라고.

무엇을 해야 한다는 강박, 지나치게 많은 일을 하는 것을 찬양하고, 그렇지 않으면 '제대로 사는 것이 아닌 것' 같은 삶을 우리는 무작정 살아왔다. 그러니 정작 내가 원하는 삶은 오간 데 없고, 피로와 스트레스가 찌든 삶에 쩔쩔매고 있다.

그러니 어렵고 불확실한 시대일수록 잘 어울리는 것이 약간의 게으름이 아닐까 싶다. 조금은 게을러지고 여유를 가질 때 자유와 창조의 새로운 세상이 열린다는 것, 이 복음福音 같은 삶의 비밀을 '늘 바쁜' 누군가와 나누고 싶다.

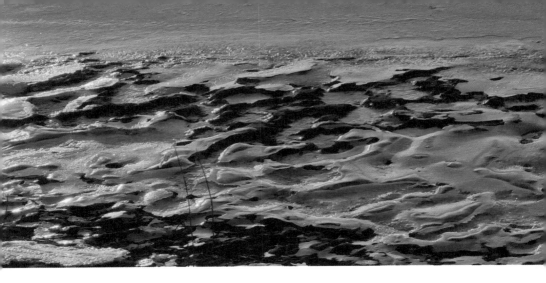

손과 발, 걷기의 힘

앉아 있으면 생각들이 잠든다. 다리를 흔들어주지 않으면 정신은 움직이지 않는다고 몽테뉴가 말했다.

이에 뒤질세라 니체가 한마디 거든다.
'가능한 한 가만히 앉아 있지 마라. 자유롭게 움직이며 나오지 않은 생각은 절대 믿지 마라. 모든 편견은 마음속에서 비롯된다'

앉아서 머리로 생각하지 말고, 삶과 세상과 직접 부딪힐 때 살아있는 무엇이 내 삶에 깃든다는 것을 말함이리라.

쇠귀 신영복 선생이 말한 '머리와 가슴을 지나 손과 발로 하는 공부'가 진짜 공부라는 말도 궤를 같이한다. 손을 움직이고 다리를 들어 옮기는 그 속에 진정한 자유와 행복의 세상이 있다. 우리는 살아있으므로…. 그래서 말한다. 손과 발도, 걷기도 힘이 세다.

모든 것은 변화해간다.

범소유상 개시허망 약견제상비상 즉견여래
凡所有相 皆是虛妄 若見諸相非相 卽見如來 _금강경

무릇 형상이 있는 것은 모두가 다 허망하다(변화해 간다).
만약 모든 형상을 형상이 아닌 것으로 보면 곧 여래(진리)를 보리라.

세상 만물이 영원한 존재가 아니고 일시적인 것일 뿐, 참 존재가 아닌
것을 깨달아 모든 집착을 끊어버리면, 누구나 즉시 진리를 깨치게 된다.

불교 금강경의 유명한 게송이다. 18자의 짧은 문장 속에
진리의 가르침이 고스란히 녹아있다.

諸行無常제행무상!
인간의 탐욕과 집착, 미움과 원망의 근본 원인이 재물, 권력, 명예,
눈앞의 이익 등 相상이 변하는 것을 보지 못함에 있음을 생각한다.

세상의 변화를 받아들이고 집착에서 벗어나 물러남 없이 정진해 나가는
것, 그것이 진정 바른 삶의 길임을 확인하고 또 확인한다.

나는 자유다.

얼마 전 그리스와 이탈리아 등 크루즈 유럽 여행 내내 동행했던 니코스 카잔자키스의 소설 '그리스인 조르바'를 끝내 다 읽었다. 벼르고 벼렀는데 여행, 특히 그리스 여행이 기회를 주었다.

욕망(바람)과 두려움 없이 자유로운 삶의 길에 천착한 조르바의 인생을 통해 많은 것을 느끼고 배웠음을 고백한다.

머물과 속물의 프레임에 갇혀 살아온 삶을 살피며 조르바 뒷꽁무니라도 잡으며 살아볼까 하는 용기를 챙겼음은 물론이다.

무엇을 그토록 바라고 집착하는가. 무엇에 그리도 연연하며 망설이고 두려워하는가. 진정 자유의 삶을 원한다면 그 바람(願)과 두려움을 쥐고 있는 손을 놓아버려라.

어쩌면 자신이 스스로 조르바였을지도 모를 니코스 카잔차키스의 묘비명을 온 마음으로 읽는다.

나는 아무것도 바라지 않는다.(Δεν ελπίζω τίποτα.)
나는 아무것도 두려워하지 않는다.(Δε φοβούμαι τίποτα.)
나는 자유다.(Είμαι λέφτερος)

게으름에 대한 찬양이라니

여행의 이유, 여행의 맛

작가 김영하는 『여행의 이유』에서 이야기 한다. 어둠이 빛의 부재라면 여행은 일상의 부재다. 타성에 젖어있던 일상에서 탈출하고픈 욕구의 실현 같은 것이 여행이라는 그의 말에 고개를 끄덕인다.

그는 이어간다. 인간은 왜 여행을 꿈꾸는가, 그것은 독자가 왜 매번 새로운 소설을 찾아 읽는가와 비슷할 것이다. 여행은 고되고 때로는 위험하며 비용도 든다. 그럼에도 이 안전하고 지루한 일상을 벗어나 여행을 떠나고 싶어 하는 이유가 무엇일까?

여행을 통해 우리 몸은 세상을 다시 느끼기 시작하고 경험들은 연결되고 통합되며 우리의 정신은 한껏 고양된다는 작가의 이야기에 '맞아요' 도장 100개쯤 찍어주고 싶다.
나는 언젠가 이렇게 표현한 적이 있다. 여행이란 익숙한 것들과 잠시 결별하고 낯선 것들과 한바탕 축제를 즐기다가 다시 익숙한 것들과 새롭게 만나는 것이다.

한 번의 여행은 한 번의 인생이라는 말이 있다. 여행을 통해 인생의 참 맛을 느끼고 사람의 숲에서 희로애락의 인생을 살아가는 다양한 삶을 다시 확인하고 이해할 수 있다. 여행을 통한 삶의 새로운 발견! 이것이 바로 여행의 이유가 아닐까.

자연과 가까울수록 병은 멀어지고 자연과 멀어질수록 병은 가까워진다고 괴테는 이야기했다. 그러니 어찌 떠나지 않을 수가 있을까. 기꺼이 떠나는 사람만이 경험하는 인생의 진짜 맛, 그것이 여행이다.

참된 자아의 자유로운 삶

육십 환갑이 지나니 '어떤 삶'을 살아가야 할지 더욱 고심하게 된다. 이런 저런 상황이나 조건에 얽매여 체면과 형식에 신경 쓰며 살아온 삶에서 벗어나 진정 삶의 주인으로 나로서 나답게 살아가는 삶을 생각한다.

더 많은 소유를 통해 자신의 가치를 입증하려고 하면 욕망은 끝이 없기에 소유가 많아질수록 더 많은 고통과 결핍을 겪게 된다. 또한 사회적 인정과 찬사를 받기 위해 무리하게 살다 보면 그 인정욕구가 우리를 노예처럼 얽매이게 하고 자유를 잃게 한다.

그러니 물질적 자아나 사회적 자아에 몰두하느라 계속 노예처럼 살 것인가 아니면 참된 자아를 삶의 중심에 두고 자유로운 삶을 살 것인지를 선택해야 한다.

우리의 삶이 고통으로 가득 차 있는 이유가 우리의 욕망과 사회적 인정에 대한 집착 때문이라며 행복의 진짜 비밀을 알려준 사람이 여기에 있다.

염세주의자로 알려졌지만 진정 참된 삶에 천착한 철학가 쇼펜하우어의 말을 새겨야 하는 이유가 분명해졌다.

그냥은 힘이 세다.

인문학자 강유정 교수의 강의를 감명 깊게 들은 적이 있다.

영화 Martion 이야기를 하며, 여러모로 힘든 시대, 답답하고 좌절하기 쉬운 때일수록 '내가 할 수 있는 일을 해 나가는 것'이 중요하다고 했다. 그 이야기가 지금도 또렷하게 귓전에 맴돈다.

Everyday, I go outside and look at the vast horizons. Just because I can.

화성에 불시착한 주인공 Mark가 지구로 돌아갈 길을 찾는 중에 독백처럼 한 말이다. 매일 광활한 지평선을 바라본다고 해서 그가 구출되는데 무슨 도움이 되겠는가. 하지만 그는 단지 그가 할 수 있을 일을 하고 있을 뿐이다. 자신이 할 바를 기꺼이 즐겁게 해 나가는 그 건강한 삶의 자세로 인해 그는 결국 지구로 돌아올 수 있었을 것이다.

'Just because I can'을 나는 '그냥'이라고 표현하고 싶다. 어떤 상황에서든 이것저것 따지지 않고 내가 할 수 있는 것을 '그냥' 하자는 것! 바로 이것이 진정 삶의 건강한 긍정성이고 삶을 살아있게 하는 원동력이리라.

그냥보다 힘이 센 것이 있으면 나와 보라고 해!

한강 작가를 이렇게 만났다.

얼마 전 다락옥수에서 한강 작가의 시집 『서랍에 저녁을 넣어 두었다』를 마음으로 읽었다. 곡류처럼 휘어진 슬픔과 깊은 울림이 온몸을 타고 올랐다. 일전에 다녀온 광주 망월동의 그 소년이 생각나서만은 아니었다.

그러면서 지난 삶을 돌아보며 내 삶에 '왜 그래' 대신 '괜찮아'를 말해주기로 했다. 추궁 대신 위로와 응원을 하기로 한 것이다. 그리고 거기에 침묵도 살짝 끼워 넣었다. 어쨌거나 즐겁고 고마운 삶을 살아가는 이 순간이 참 좋다.

작년 12월 스웨덴 스톡홀름, 한강 작가 노벨문학상 시상식에서 작가는 말했다.
"세계는 왜 이토록 고통스러운가, 동시에 세계는 어떻게 이렇게 아름다운가"
"사랑이란 무얼까. 우리의 가슴과 가슴 사이를 연결하는 금실이지."

또한 작가가 20대 중반 일기장을 바꿀 때마다 맨 앞 페이지에 적어 두었던, '현재가 과거를 도울 수 있는가.
산자가 죽은 자를 구할 수 있는가.'의 두 개의 질문,

『소년이 온다』를 쓰면서
'과거가 현재를 도울 수 있는가. 죽은 자가 산 자를 구할 수 있는가'로 거꾸로 뒤집혀야 한다는 것을 깨달았다는 작가의 말을 곱씹어본다.

결국 우리는 봄날, 지금 눈앞에서 '과거가 현재를 도와' 정의의 역사가 펼쳐지고 있음을 그대로 목도하고 있다.

그러다 얼마 후 한강 작가의 어른을 위한 동화, 『눈물 상자』를 우연히 만났다. 순수한 눈물이란, 자기가 울고 있다는 것조차 알지 못하면서 흘리는, 특별한 이유가 없지만 또한 이 세상과 모든 이유로 인해 흘리는 것, 세상에서 가장 아름다운 눈물이라는 것을 온몸과 마음으로 새겼다.

난 그런 눈물 한 방울이라도 흘린 적이 있었는지 돌아보면서….

'처음처럼' 다시 시작

숨차게 달려왔다. 아니 먼지 나는 신작로 길을 따라 터덜터덜 달려온 것 같기도 하다. 때론 비가 내렸고 바람이 불었으며 눈보라가 몰아쳤고 어느 날은 천둥번개가 요란했다. 물론 푸른 하늘에 뭉게구름이 두둥실 떠가던 평온한 날도 적지 않았다.

마흔에서 예순까지의 시간은 말 그대로 희로애락이 반복되던 인생길이었다. 그 길에서 느끼고 누리고 배운 삶의 이야기 조각들을 덕지덕지 끼운, 오래된 카펫을 마주하는 기분이 들었다.

끝없이 이어진 그물의 그물코마다 숱한 인연들이 자리를 잡고 나를 침묵의 눈으로 물끄러미 바라보고 있었다. 사람 숲의 그 나무들은 저마다의 모습으로 우두커니 거기에 서 있었다. 어린나무는 어느새 듬직하게 자라 있었고, 어떤 나무는 노쇠한 모습으로 엉거주춤 비바람을 버티고 있다.

그 무엇 하나 소중하고 살갑지 않은 것이 없다. 나 또한 그물코였고, 한 그루의 나무였으니 어찌 그렇지 않겠는가.

그렇게 살았다. 지난 시간을 돌아보니 다시 '그냥'이다. 거창한 목적이나 이유 대신 '이유가 없음에도 불구하고'의 삶이 있음을 살며시 내밀고 싶었는지도 모른다. 아니 그냥의 삶이 때론 자유롭고 행복한 삶의 다른 이름임을 외치고 싶었던 것은 아닐까.

조건과 상황, 수많은 이유의 굴레에서 벗어나 좋아하는 삶, 하고 싶은 그리고 원하는 삶을 살아가기 위한 필수통로가 '그냥'이라는 다리요 터널임을 애써 말하고 싶었다. 20년 동안의 편지는 그 산물이요, 작은 결과물이다.

'그냥'과 함께 떠오르는 것은 '다정함'이다. 지난 시간 속에서 수많은 사람들을 만났고, 그 인연들을 성심껏 가꾸어왔다. 그냥 스쳐 간 사람들도 있었지만 가까이에서 때론 저만치서 이웃사촌처럼 마음을 나누며 함께 해 온 사람들이 주마등처럼 떠오른다. '낯선 사람은 없다. 아직 만나지 못한 친구가 있을 뿐이다'는 아일랜드 속담은 내 인생을 위한 것이라는 이기적인 생각도 해본다.

그 인연 가꿈의 중심에 특유의 친화력이 있었다. 아니 그 힘의 언저리에라도 가려 애썼다. 그 덕분에 남녀노소 많은 친구를 얻을 수 있었고, 나아가 인생의 든든한 자산이 되었다.

늑대는 멸종 위기에 처했는데, 같은 조상에서 갈라져 나온 개는 어떻게 개체 수를 늘려나갈 수 있었을까? 사나운 침팬지보다 다정한 보노보가 더 성공적으로 번식할 수 있었던 이유는?

바로 친화력, 다정한 것이 살아남는다는 것을 나의 지난 삶을 통해 여실히 확인했다. 다윈의 적자생존을 지나 걷기 예찬을 주장해 온 나는 걷자생존을 넘어 친화력 생존Survival of the Friendliest의 시대를 살아왔던 것이다.

다시 돌아본다. 결코 짧지 않은 시간, 지난한 삶의 희로애락들은 먼지가 되어 진즉에 사라져 버렸다. 하지만 편지를 빌어 끄적거린 기록들이 있었기에 여기까지 올 수 있었다. 기록이 기적을 낳는다는 말을 새삼 다시 확인한다. 또 다른 적자생존이다.

단편적인 백수십 개의 편지의 흔적들은 이렇게 한 권의 책으로 묶였지만, 1,000번이 넘는 편지들은 따로 그대로 엮어 방구석박물관의 '김재은의 인생실록'으로 남겨 두려 한다. 그러다 훗날 삶의 갈림길에서 미소를 지으며 펼쳐보겠지.

작가 김홍신 선생은 이야기한다. 이 세상에 와서 잘 놀다 가지 않으면 불법이라고. 진한 사랑 한 번 하지 못하고 가는 것도 거기에 끼워 넣고 싶다. 그런데 진짜 불법 중의 최고의 불법은 '행복하게 살지 않은 삶'이리라.

20년 동안 편지글과 말로 떠들면서 세상에 혼란을 주고 귀찮게 한 죄를 참회한다. 그래도 누군가에게 행복의 비밀 한 조각이라도 전하고, 아주 작지만, 위로와 사랑을 전하고 나눈 것 같아 얼마나 다행인지 모른다. 어찌 즐겁고 고마운 삶이 아니랴.

고마운 마음을 가득 담아 지금 바로 여기의 행복을 누리시길 빈다.

당신은 그런 자격이 충분하기에….

그냥 그렇게 살아도 괜찮아

행복디자이너 '김재은의 월요편지' 20년의 행복한 발걸음

초판 1쇄 발행 | 2025년 4월 25일

지은이	김재은
펴낸이	안호헌
에디터	윌리스
펴낸곳	도서출판 흔들의자
	출판등록 2011. 10. 14(제311-2011-52호)
	주소 서울특별시 서초구 동산로14길 46-14. 202호
	전화 (02)387-2175
	팩스 (02)387-2176
	이메일 rcpbooks@daum.net(원고 투고)
	블로그 http://blog.naver.com/rcpbooks

ISBN 979-11-86787-64-9 13190
ⓒ 김재은